Début d'une série de documents
en couleur

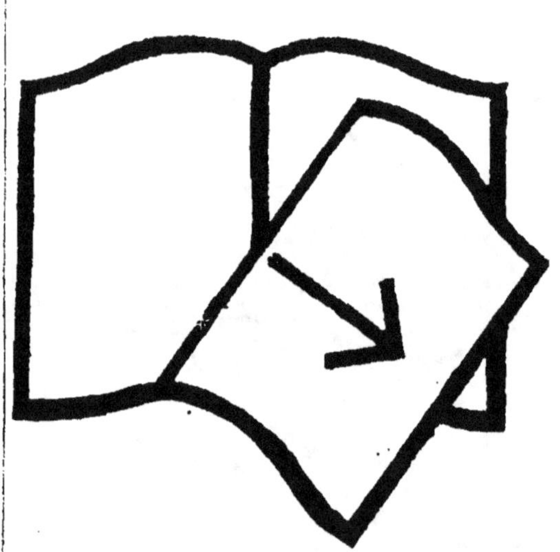

Couverture inférieure manquante

LOCATAIRES

ET

PROPRIÉTAIRES

ETUDE SOCIALE

SUR LES ABUS DE LA PROPRIÉTÉ

A L'ÉGARD DE LA LOCATION

PAR

Georges PIART.

(2ᵉ édition).

PARIS

ALEXANDRE MALOINE, LIBRAIRE

91, Boulevard Saint-Germain, 91

1882.

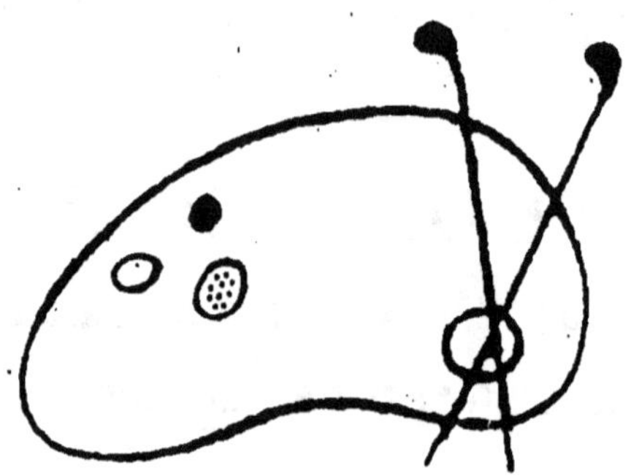

Fin d'une série de documents
en couleur

LOCATAIRES ET PROPRIÉTAIRES

LOCATAIRES

ET

PROPRIÉTAIRES

ETUDE SOCIALE

SUR LES ABUS DE LA PROPRIÉTÉ

A L'ÉGARD DE LA LOCATION

PAR

Georges PIART.

PARIS

ALEXANDRE MALOINE, LIBRAIRE

91, Boulevard Saint-Germain, 91

—

1882.

A LA MÉMOIRE DE MON PERE

Un certain jour de l'année 1848, il y avait fête à Pierrefonds, petite localité devenue célèbre depuis, tant par ses eaux que par la reconstruction de son château historique, sous les auspices de Napoléon III.

Il s'agissait de la plantation d'un arbre de la Liberté.

A cette époque, Clergé et République s'entendaient mieux que maintenant ; aussi, le curé du pays, homme des plus conciliants, l'abbé Litonnois, frère du pharmacien de ce nom, s'empressa-t-il de venir bénir l'arbre symbolique. Mais une telle cérémonie ne pouvait se passer sans discours : un enfant de Pierrefonds, fils d'un brave tambour de la Grande-Armée, ex-tambour *lui-même ;* un des humbles alors de ce monde, un obscur enfin, mais aux convictions ardentes et pures, Pierre-Henri Piart, dit *Dérinet,* s'écria, dans une chaude allocution dont la complète teneur m'échappe : « *Arrière, arrière, faux républicains !* » Il visait par là l'aristocratie en général, en la personne de plusieurs aristocrates de l'endroit qui s'étaient *avec une hypocrite liberté* faufilés parmi les assistants.

Tambour-*battant* n'est plus, mais tambour-*instru-*

ment vit toujours, religieusement suspendu au-dessus de la porte de ma chambre ; et dans ce souvenir sacré du défunt réside encore un peu de l'âme que Dieu a prise ; j'y ai puisé, à la longue, des inspirations sociales dont je livre pieusement aujourd'hui un des points principaux au public ; car le tambour-*battant*, *l'orateur improvisé* susdit, c'était mon père !

G. PIART.

ETUDE SOCIALE

SUR LES ABUS DE LA PROPRIÉTÉ

à l'égard de la location.

Améliorer, sans détruire
et pour ne pas détruire.
G. P.

LES ABUS ET LA SOCIÉTÉ.

Sans vouloir exciter à la haine de celui qui ne possède pas contre celui qui possède, n'y a-t-il pas lieu cependant de s'élever contre certains abus qui semblent s'éterniser et deviennent intolérables ?

A cette époque de justes et pressantes revendications sociales, conséquence logique des disproportions qui existent de plus en plus. pour la généralité des travailleurs, entre le gain, insuffisant, et les charges et les besoins grandissant sans cesse, l'intérèt pour les favoris de la fortune n'est pas de se rendre odieux et d'ameuter contre eux les esprits populaires.

Si améliorer concilie, trop conserver, c'est-à-dire être froidement ou cruellement égoïste, engendre fatalement de redoutables aversions, de terribles conflits qui déjà mettent en péril de mort la société, à tel point qu'il faut au plus

tôt la remanier, la réformer de fond en comble, si l'on
veut éviter une catastrophe.

II.

UN PASSAGE DE PROUDHON.

Sous le titre « *Avertissement aux propriétaires* », a paru
pour la première fois, en 1848, une brochure du célèbre
économiste Proudhon, républicain sincère, qui est mort
pauvre, et dont la vie fut un désintéressement à toute
épreuve. Voici un extrait de ce remarquable opuscule :

« *Dieu*, dit le prophète, *a donné la terre aux enfants*
» *des hommes* : mais les propriétaires l'ont envahie (1). C'est
» pour cela qu'il nous faut aujourd'hui payer pour semer
» un champ des hommes qui ne labourent pas ; payer
» pour avoir un gîte des hommes qui n'ont point bâti ;
» payer pour chauffer un foyer des hommes qui ne manient
» point la cognée, payer pour travailler des hommes qui
» ne travaillent jamais. Et quelles conditions nous im-
» pose le propriétaire insolent ! Toi, tu as des enfants : tu
» ne logeras pas chez moi, parce que les enfants dégradent
» tout ; toi, tu tiens une école : tu n'entreras pas dans ma
» maison, parce que les écoliers sont méchants ; toi, tu es
» serrurier, menuisier, chaudronnier : tu ne saurais me
» convenir, parce que ton état fait du bruit..., etc... »

Ce qui, sous ce rapport, était vrai il y a trente-quatre
ans, l'est encore aujourd'hui, hélas ! plus que jamais.

(1) *Eloquente allégorie touchant l'origine de la propriété.* — « Il y
« eut autrefois un homme méchant et maudit du ciel. Et cet homme
« était fort, et il haïssait le travail, de sorte qu'il se dit : « Comment
« ferai-je ? Si je ne travaille point, je mourrai ; et le travail m'est
« insupportable. » Alors il lui entra une pensée dans le cœur. Il s'en
« alla de nuit, et saisit quelques-uns de ses frères pendant qu'ils dor-
« maient et les chargea de chaînes. Car, disait-il, je les forcerai, avec
« les verges et le fouet, à travailler pour moi, et je mangerai le fruit
« de leur travail. Et il fit ce qu'il avait pensé ; et d'autres, voyant cela,
« en firent autant, et il n'y eut plus de frères : il y eut des *maîtres* et
« des *esclaves.* »   (Lamennais).

III.

HEUREUSES, MAIS RARES EXCEPTIONS.

Sans doute, il est de bons propriétaires, témoin, par exemple, ceux qui, avant d'y être astreints par la loi qui en fit une obligation momentanée, ont, pendant la guerre de 1870-71, fait remise à leurs locataires d'un ou plusieurs termes. Certains savent aussi patienter, ne pas exiger à jour fixe le paiement du loyer, lorsque le locataire n'est pas en mesure et témoigne de sa bonne volonté. On ne saurait jamais trop applaudir à ces généreux procédés, malheureusement trop exceptionnels. Honneur à leurs auteurs! L'Etat devrait réserver annuellement un certain nombre de récompenses honorifiques — sorte d'encouragement au bien — pour les propriétaires qui se seraient le plus distingués par leur humanité et leur bon cœur. Il faudrait, en un mot, élever leurs sentiments de philanthropie à la hauteur d'un mérite patriotique et rendre ainsi leur exemple fécond et contagieux.

IV.

HUMANITÉ ET PATRIE.

Ce qu'il y a de supérieurement blâmable, c'est cette nombreuse catégorie de propriétaires qui refusent de louer ou intiment congé aux prolétaires *qui et paree qu'ils* ont des enfants (1). N'y a-t-il pas là, en effet, quelque chose de

---

(1) « Même en offrant de payer en entrant le prix d'un logement, les prolétaires, transformés en parias, se voient repoussés avec ces seuls mots: « Trop d'enfants! »

Il n'est pas de jour que pareil fait ne se présente. On nous en signale un nouveau qui s'est produit dans les plus odieuses conditions:

Au numéro 115 de la rue de la Roquette, cité Industrielle, numéro 3', habitait la famille Bury.

La famille se composait du père, de la mère, de la grand'mère et de trois petits enfants

La femme, enceinte, est sur le point d'accoucher pour la quatrième fois.

barbare et de particulièrement odieux ? N'est ce point
porter obstacle à l'accroissement de la population ? Enfin,

La famille Bury est honnête, estimée de tous. — Mais, trois enfants ¡
Et bientôt un quatrième !

Et la famille Bury a été expulsée.

Le propriétaire n'était peut-être pas payé ? Pardon ; le propriétaire
était payé, on ne lui devait rien.

Voilà donc le père, la mère enceinte, la vieille grand'mère et les trois
petits sur le pavé.

Des voisins les ont recueillis. Mais on a trop de peine à se nourrir
soi-même pour nourrir longtemps six bouches de plus. La famille Bury
s'est mise à chercher un nouveau logement.

On a frappé à tous les hôtels du quartier, on a monté les escaliers de
toutes les maisons à la façade desquelles était un écriteau. Partout on
a reçu la même réponse :

« Trop d'enfants ! »

De pareilles monstruosités se passent de commentaires.

Le correspondant qui nous signale le fait abominable que nous ra-
contons, écrit dans sa lettre :

« Trop d'enfants ! Faut-il donc les jeter à l'eau. »

(Casimir Bouis, journal *Le Citoyen* du 19 avril 1882.)

Nous trouvons le même fait également relaté dans l'intéressant article
ci-après, de M. Léon Millot (Journal *La Justice*, du 21 avril 1882) ; article portant le titre significatif de *Monsieur Vautour* :

« On n'en a jamais fini avec ce rapace de la civilisation moderne, avec
cet accipitrin à face humaine pour lequel la chanson populaire a exprimé
son horreur naïve en disant « qu'on le guillotinerait et qu'ensuite on le
pendrait. » Nous ne prônons pas ces procédés violents, et nous ne ré-
clamons pour « MM. les propriétaires » ni le couperet de la place de la
Révolution, ni le gibet de Montfaucon, réunis ou séparément. Il n'est pas
besoin d'être partisan de la politique scientifique pour dédaigner ces solu-
tions brutales, et la société doit trouver d'autres moyens de trancher cette
question véritablement palpitante. Mais on conviendra que les propriétaires, tous les trois mois, à des époques malheureusement fixes comme
la conjonction des astres, trouvent le moyen de se dépasser et d'ajouter
quelque épisode révoltant à l'interminable martyrologe des locataires.

Nous prenons au hasard deux faits dans la série que vient d'amener
avec lui le dernier terme. Une vieille femme de soixante-seize ans de-
meurait rue de Provence. Cette malheureuse, arrivée à l'âge cruel où
l'on plie sous la charge accumulée des ans et où l'échine brisée
demande grâce, était obligée de chercher dans l'effort quotidien, dans le
labeur qui se traîne avec des plaintes douloureuses, le pain de ses
dernières heures. Peut-être ne mangeait-elle pas tous les jours, mais
ça n'empêchait pas le terme, ce juif-errant de l'almanach, auquel le dieu
de la propriété a dit : « Tu marcheras sans cesse ! » de faire tranquil-
lement son chemin.

Il arriva qu'elle fut en retard de six mois. Elle demanda un dernier
répit au propriétaire, qui s'étonnait en son âme et conscience d'avoir
attendu si longtemps. Celui-ci, retrouvant enfin son assiette, lui envoya
sur l'heure un huissier avec sommation de déguerpir.

Voilà la septuagénaire sur le pavé. Elle a réuni péniblement ce qu'un
commissaire-priseur appellerait son mobilier : une table, trois chaises et
un lit. Elle se souvient qu'elle a connu rue Saint-Lazare une boulangère
qui lui permettra peut-être de dormir sous un hangar. Elle s'y traîne

n'est ce pas une sorte d'encouragement à l'infanticide ?...
Et les propriétaires doivent-ils ainsi pousser l'intérêt ma-

---

comme elle peut. La boulangère est partie, on va démolir la maison. La
malheureuse est à bout de forces. Elle dépose ses épaves sur le trottoir.
et reste là plusieurs jours et plusieurs nuits, attendant on ne sait quoi,
comptant sur cet inattendu invraisemblable qui n'arrive jamais

Un matin, les voisins trouvèrent que cela ne pouvait pas durer. Le
spectacle de ce désastre les agaçait. Ils se plaignirent à des agents, qui firent un rapport. Le chef de la police municipale prévenu, fit tout ce qui
dépendait de lui: la « vagabonde » fut logée dans un hôtel garni, ses
meubles furent mis à l'abri dans un poste, et elle reçut un secours
de quarante francs. Nous avons peut-être tort de le dire, et son propriétaire, s'il l'apprend, est capable d'aller lui réclamer ses deux termes

Voici maintenant l'autre histoire. Malthus en tressaillera d'aise dans
sa tombe et si le système se propage. la France aura bientôt ses petits
Chinois. Les prolétaires en seront réduits à déposer délicatement leur
progéniture le long des rives de la Seine ou à l'insérer dans le canal.
Les propriétaires se contentaient autrefois d'interdire le seuil de leurs
maisons aux King'Charles ou aux Havanes ; ils étendent maintenant la
prohibition aux enfants

C'est rue de la Roquette que cela s'est passé. Il y avait là une famille composée du père, de la mère, de la grand'mère et de trois enfants.
La mère était enceinte et allait accoucher une quatrième fois. Peut-être
en avait-elle le droit au fond, car le ménage payait régulièrement son
loyer et ne devait rien au propriétaire. Celui-ci trouva néanmoins que
ces gens-là abusaient du droit de donner des citoyens à la patrie, et
qu'il y avait là une situation anormale. Un beau matin, la famille reçut
son congé. et la mère fut invitée à aller accoucher ailleurs.

Des voisins, comme on n'en trouve que chez le peuple, reçurent les
expulsés. Mais ceux-ci ne voulaient pas leur être éternellement à charge :
ils se mirent en quête d'un domicile. Ils visitèrent les logements à louer,
ils passèrent la revue des hôtels garnis. Et partout ils revinrent bre-
douille. chassés par cette réponse stéréotypée : Trop d'enfants ! J'avais
bien raison de dire que Malthus n'était pas mort.

Une société, où de pareils actes sont possibles, a besoin d'un fier
coup de sape, et l'optimisme de Pangloss n'est guère de mise en pareilles matières. »

« Plusieurs colonnes d'un journal — écrit M. Lapierre dans la *bataille*, sous le pseudonyme de *Jean Paria*, ne suffiraient pas à signaler
chaque jour les abus commis par les propriétaires , aussi puiserons-nous
dans le nombre deux ou trois faits seulement :

M. Samery, rue Polonceau, 56. a reçu congé parce qu'il a deux enfants.
Son propriétaire n'aime pas cette *vermine* ! (sic).

M. Frugier, rue de Tage, 20, est père de cinq enfants ; renvoyé par
son propriétaire, il lui a été jusqu'à présent impossible de trouver un
logement, même réponse : Pas d'enfants.

A consulter également, un excellent article, à la fois sérieux et humo-
ristique de M. Maxime Paz — *Propriétaires et Concierges* — dans la
France du 4 Septembre 1882.

Le propriétaire du n° 43, rue de la Chapelle, a refusé de louer un
logement à M. E Perrin, parce qu'il avait trois enfants. »

Il en est même, entr'autres certain propriétaire du boulevard
Beaumarchais, qui vont jusqu'à refuser de louer à un ménage sans
enfants, sous prétexte qu'il pourrait en naître ultérieurement : *il faut
être seul* ! — du sexe masculin, sans doute ?

— 12 —

tériel jusqu'à se faire – inconsciemment, sans doute — les disciples de Malthus, cet économiste anglais ennemi de la procréation ?

Il y a là, non seulement une question humanitaire, mais une question nationale de la plus grave importance pour l'avenir de notre pays, si l'on considère que les naissances en Allemagne — sans parler des autres peuples (Angleterre, Italie, Autriche, etc.) également en progression sur ce point — forment annuellement compte tenu des décès, un excédent de 150,000 âmes, tandis que la population en France va plutôt en décroissant (1) ; de sorte qu'à un moment donné, on comptera soixante millions d'habitants en Allemagne contre moins de quarante millions en France. Or, s'il est suffisamment établi que les propriétaires — les possesseurs d'immeubles — soient, pour une certaine part, responsables de cet état de choses, prière au législateur d'aviser, au nom du patriotisme, à l'égard de ceux qui persisteraient dans leur coupable entêtement à ne point louer aux pères et mères de famille.

Il faut surtout régler davantage l'exercice du droit de propriété ; imposer, dans certains cas, des renonciations ou des restrictions commandées par l'intérêt de tous. *Usage* ne doit pas plus être synonyme d'*abus* que *liberté*, de *licence*.

Dans notre législation actuelle, le droit de propriété

---

(1) Moyenne des enfants par ménage, en Allemagne et en Angleterre : 5 ; France, 2.

La France tient le dernier rang au point de vue de l'augmentation du chiffre de sa population.

L'augmentation d'habitants constatée à Paris lors du dernier recensement, n'est qu'un trompe-l'œil ; elle est bien moins le fait d'un accroissement des naissances — lesquelles restent à peu près à l'état stationnaire — que de la rage si souvent malheureuse qu'ont aujourd'hui les habitants des campagnes, (85 sur 1,000), à déserter le village pour la ville. C'est pour cette raison que t. de nos départements ont vu leur population décroître ; que l'Aisne, entr'autres, compte 7,000 habitants de moins. Les grands centres eux-mêmes sont abandonnés pour Paris.

La population étrangère dépasse en France 1 million. Par contre, il n'y a autant dire pas d'émigration française.

comprend le droit d'user, le droit de jouir et celui de disposer de sa chose en la modifiant, en la détruisant même, en l'engageant ou en la cédant ; aucune atteinte ne peut être portée à la propriété, *si elle n'est justifiée par l'intérêt public.*

Eh bien ! quand un propriétaire s'obstine à ne point louer à ceux qui ont des enfants, toute atteinte à sa propriété, toute pénalité contre sa personne, après épuisement de tous avertissements, ne seraient-elles pas justifiées par l'intérêt public, et par un intérêt bien plus sacré encore, l'INTÉRÊT NATIONAL, l'avenir de la patrie?. .

D'ailleurs, puisqu'il s'agit là d'une cause moralement supérieure à toutes les autres, pourquoi n'irait on pas, en un tel cas, jusqu'à la confiscation de l'immeuble, au profit, par exemple, d'une *œuvre générale* des loyers ? Le propriétaire fait bien, lui, pratiquer la saisie chez ses locataires, pour des causes simplement matérielles !

V.

TROP D'INÉGALITÉ.

Certains individus de l'école malthusienne, ou partisans de la dépopulation, font reposer leur opinion sur de pretendues bornes à la fécondité de la terre. Mais cette fécondité serait surabondamment suffisante, s'il y avait moins de richissimes, point de pauvres, d'indigents, et seulement des gens modestement riches ou raisonnablement aisés. On répète aussi à satiété : la France est riche. Parbleu ! nous le savons bien. Mais la belle avance pour les travailleurs, employés ou ouvriers, si cette fortune se trouve concentrée dans un certain nombre de mains et qu'ils soient obligés, eux, de gémir dans la gène ou dans la misère !

« Un temps viendra, » a dit Chateaubriand, « où l'on
» ne concevra pas qu'il fut un ordre social dans lequel un
» homme comptait un million de revenus, tandis qu'un
» autre n'avait pas de quoi payer son dîner. Riches ou puis-
» sants, recomposez, si vous le pouvez, les fictions aristo-

» cratiques; essayez de persuader au pauvre, quand il
» saura lire, au pauvre à qui la parole est portée chaque
» jour par la presse de ville en ville, de village en village ;
» essayez de persuader à ce pauvre, possédant les mêmes
» lumières et la même intelligence que vous, qu'il doit
» se soumettre à toutes les privations tandis que tel hom-
» me, son voisin, a sans travail mille fois le superflu de la
» vie : vos efforts seront inutiles. »

En effet, dans une société où le vice comme la fortune
ont la vie si facile, alors, par exemple, qu'une honnête et
pauvre ouvrière (1) consume tout son être pour gagner

---

(1) « Les doigts fatigués et usés,
Les paupières pesantes et rougies,
Une femme était assise, couverte de haillons,
Poussant son aiguille et son fil.
Pique ! pique ! pique !
Dans la pauvreté, la faim et la boue.
Et pourtant, d'une voix à l'accent douloureux
Elle chantait le « Chant de la Chemise ! »

   Travaille ! travaille ! travaille !
Tandis que le coq chante au loin ;
Et travaille-travaille-travaille !
Jusqu'à ce que les étoiles brillent à travers le toit !

   « Travaille ! travaille ! travaille !
Jusqu'à ce que le cerveau prenne le vertige ;
Travaille ! travaille ! travaille !
Jusqu'à ce que les yeux soient appesantis, et ternis !
L'ourlet, le gousset et le pli
Le pli, le gousset et l'ourlet,
Jusqu'à ce que je tombe endormie sur les boutons
Et que je les couse dans un rêve !

   « O hommes, qui avez des sœurs chéries !
O hommes, qui avez des mères et des épouses,
Ce n'est pas du linge que vous usez !
Mais des vies de créatures humaines !
Pique ! pique ! pique !
Dans la pauvreté, la faim et la boue ;
Cousant à la fois, avec un double fil,
Un linceul aussi bien qu'une chemise.

au plus quotidiennement la somme de Jeux francs — c'est-
à dire en l'artificielle Capitale, à peine de quoi manger, en
travaillant souvent jour et nuit, — des remaniements, des
réformes sont indispensables. Par malheur, les améliorations sociales, de par l'Etat, attendent constamment sous
l'orme, parce qu'on ne procède que par substitutions de
personnes à d'autres personnes ; toujours des individua-

« Travaille ! travaille ! travaille !
Mon labeur jamais ne languit.
Et quel en est le salaire ? Un grabat de paille ;
Une croûte de pain et des guenilles.
Ce toit défoncé et ce sol nu ;
Une table, une chaise cassée ;
Et un mur si dégarni, que je remercie mon ombre

De tomber quelquefois dessus !
A la morne lumière de décembre :
Et travaille ! travaille ! travaille !
Quand le temps est brûlant et chaud,
Tandis que sous les bords du toit
Les hirondelles font leur couvée,
Comme pour me montrer leurs dos ensoleillés
Et me jeter au nez le printemps.

« Oh ! respirer seulement les parfums
De la primevère, de la douce primerose
Avec le ciel au-dessus de ma tête,
Et le gazon sous mes pieds !
Rien que pendant une heure !
Me sentir telle que j'étais autrefois
Avant de connaître les horreurs du besoin
Et les courses que coûte un repos ! »

Les doigts fatigués et usés,
Les paupières pesantes et rougies,
Une femme était assise, couverte de haillons.
Poussant son aiguille et son fil.
Pique ! pique ! pique !
Dans la pauvreté, la faim et la boue ;
Et pourtant d'une voix à l'accent douloureux
(Puisse-t-il atteindre jusqu'au cœur des riches !),
Elle chantait ce « Chant de la Chemise ! »

Thomas Hood.

lités : foin des principes ! L'époque est donc venue pour tout Français ayant à cœur de garder ce nom, de faire abnégation de toute opinion politique pour se mettre uniquement au service des idées rénovatrices dans un sens moins faussement libéral et plus franchement égalitaire. Autrement la société croulera, et la France en même temps.

VI.

EFFETS DES ABUS.

Pour en revenir aux abus commis par la propriété à base de location, elles sont atroces les conséquences qui peuvent découler de cet arbitraire, ou plutôt de cet excès de liberté bourgeoise.

Cela me remet en mémoire l'histoire de ce propriétaire du faubourg Saint-Antoine, qui signifia brusquement, brutalement congé à un locataire, dans le logis même de celui-ci, uniquement parce qu'il avait *trop d'enfants*. Le pauvre père, qui avait autour de lui toute sa petite famille, pris aussitôt d'une fureur qu'il regretta ensuite, précipita par la fenêtre l'inhumain propriétaire. Un jugement s'ensuivit, tout naturellement, et le locataire, meurtrier par indignation, fut absous par la justice (1).

---

(1) La *Lanterne* racontait récemment le fait d'une façon différente, mais qui revient au même :

Le Propriétaire. — Etes-vous père, monsieur ?

Le Locataire. — Pas encore.

Le Propriétaire. — Avez-vous l'intention de l'être ?

(*Ici de la part du locataire, un sourire que vous devinez*).

Le Propriétaire. — C'est que si je voyais un enfant dans ma bâtisse, je le jetterais par la fenêtre.

— Ce dialogue fut tenu, il y a quelques années, entre un propriétaire et un aspirant locataire. Aux derniers mots, celui-ci, instantanément suffoqué par une exaspération bien légitime, et se trouvant précisément devant une fenêtre béante, saisit le propriétaire par les jambes et le précipita dans le vide.

Souvenez-vous de ceci, messieurs les propriétaires : il fut acquitté par le jury.   (*Diogène*)

VII·

PROCESSES DE PROPRIÉTAIRES.

Voici encore — sans violences, cette fois, de la part des locataires — à propos de la barbarie de certains possesseurs d'immeubles, un fait navrant, dans sa douloureuse simplicité, et triste drame au milieu de milliers d'autres du même g..re :

Les épou: S..., père et mère de six enfants, habitaient le quartier Saint Maur. Le mari, cordonnier, avait loué une petite échoppe dans laquelle il s'installait durant la journée, pour son travail. Mais, malade depuis quelque temps, il s'était trouvé dans la nécessité de cesser toute occupation, et par suite, dans l'impossibilité de faire honneur à ses affaires. Or, il a été expulsé de son logement par son propriétaire.

Qu'on juge de la situation inénarrable de ces malheureux, jetés à la tombée de la nuit sur le pavé : le père désespéré, la mère dans un état de grossesse avancée et les six enfants mourants de faim et de sommeil.

Le père, rassemblant ce qui lui restait d'énergie, dit à sa famille : « Venez avec moi au poste de police de Belleville ; on nous y donnera bien l'hospitalité ! Courage ! »

A peine cette famille infortunée arrivait-elle dans la rue Oberkampf, que Mme S... fut prise des douleurs de l'enfantement et mettait au monde un garçon sur le trottoir, à quelques pas du poste.

Les sergents de ville, prévenus, accoururent amenant avec eux une sage-femme qui, après avoir donné à l'accouchée les soins plus pressants, la fit transporter d'urgence à l'hospice Saint-Louis. Un honorable citoyen de la rue Oberkampf, nommé Dufour, a recueilli chez lui le père et les six enfants.

Honte donc, cent fois honte à l'impitoyable propriétaire ! mais mille fois honneur au charitable et généreux M. Dufour !....

3.

« A Monrouge, Mme Louise Bergeret, femme Perrin, avait reçu, pour le 8 juillet dernier, congé du logement qu'elle occupait au bout de la rue du Château, au numéro 152. Au jour dit, n'ayant pu se procurer auparavant un domicile, elle remisa ses meubles dans une cave que la concierge voulut bien lui prêter, et, pendant toute la journée, elle erra dans le quartier à la recherche d'un nouveau logement. Le soir, en désespoir de cause, Mme Perrin se présenta dans les garnis pour passer la nuit avec ses cinq enfants, dont l'aîné a dix ans et le dernier neuf mois à peine. Nulle part on ne voulait loger toute cette smala.

A onze heures du soir, lasse de courir et ne sachant où faire reposer ses pauvres enfants, la malheureuse mère se rendit au poste de la mairie du quatorzième arrondissement et exposa sa situation au brigadier, qui envoya un de ses hommes lui louer une chambre dans une maison meublée de la rue de Liancourt.

Et il y a des gens qui prétendent qu'il n'y a pas de question sociale ! »

VIII.

PROPRIÉTAIRES, CONCIERGES ET LOCATAIRES.

Pour réformer les criants abus qui pèsent sur la location, une plus équitable règlementation de la propriété immobilière serait de toute nécessité. L'Etat ne doit pas être féroce : mais — *comme M. Petdeloup* — il pourrait être à la fois « *sévère et juste* » à l'endroit des propriétaires et, surtout, des concierges. La loi devrait enjoindre à tout propriétaire de renvoyer, sauf recours à la conciliation, le concierge qui commettrait une iniquité marquée et

dûment constatée, envers un locataire (1). Car les abus
commis par les propriétaires sont rendus plus grands encore par la liberté laissée au concierges, liberté qui livre
les locataires au continuel espionnage, à l'entière merci et
aux vils ou intéressés caprices de ces derniers Que de vexations nombre de braves gens ont ainsi à subir !...

Et pourtant, si les locataires s'entendaient mieux entr'eux, la corporation des portiers n'aurait qu'à se bien
tenir :

« Tout autocrate qu'il se montre, le portier ou concierge
» est, qu'il le veuille ou non, le domestique et du proprié-
» taire et des locataires ; il est tenu à des obligations spé-
» ciales, qui sont de la jurisprudence constante du tribunal
» civil de la Seine.

» Il est tenu de recevoir les lettres adressées aux loca-
» taires ; *son refus le rend passible de dommages-intérêts,*
» *et le propriétaire peut, dans ce cas, être condamné comme*
» *civilement responsable.*

» Tout concierge ou portier doit recevoir et remettre
» exactement les papiers et les objets qui sont adressés aux
» locataires, leur indiquer les noms des personnes qui
» viennent les demander, *sous peine de dommages-intérêts.*

» Il est aussi tenu de monter les lettres et papiers
» adressés aux locataires et de leur remettre *immédiate-*
» *ment* les actes qui leur sont signifiés. *(Trib. de la Seine,*
» *5e Ch., 22 mai* 1861.)

» Il est tenu d'ouvrir la porte aux locataires à toute
» heure du jour et de la nuit qu'ils se présentent : c'est le
» principal but de l'institution des concierges.

» Il a été jugé par la Cour de Paris (3e Ch., 19 avril 1861)

---

(1) D'ailleurs, il y a sur ce point des précédents. En voici un
entr'autres, qui ne sera pas suspect : Le Tribunal de la Seine (3e Chambre), année 1836 — c'est-à-dire en plein régime étroitement bourgeois
— a décidé que quand le concierge est impoli et ne remplit pas exactement ses devoirs envers le locataire, celui-ci a le droit de demander au
propriétaire son renvoi de la maison. et qu'en cas de refus, les tribunaux
peuvent condamner le propriétaire à renvoyer le portier, sinon à payer
au locataire, à titre de dommages et intérêts. une somme déterminée ;
par exemple, 5 francs par chaque jour de retard.

» que lorsque le concierge persiste à refuser au loca-
» taire d'ouvrir la porte la nuit et ne lui remet pas régu-
» lièrement les lettres, paquets et papiers venant à son
» adresse, le président du tribunal peut, par une ordon-
» nance de référé, autoriser le locataire à établir dans la
» maison et dans la loge du concierge *un planton militaire
» invalide*, à l'effet d'ouvrir la porte de la maison à quel-
» que heure que ce soit du jour et de la nuit, et de rece-
» voir les lettres, paquets et papiers à son adresse. (1)

» Le propriétaire ou principal locataire ne peut empê-
» cher un locataire de déposer son flambeau dans la loge
» du portier. *(Trib. de paix, Paris, xi° arr., 1837.)*

» Le portier ou concierge est passible de dommages-
» intérêts, s'il n'indique pas, alors qu'il la connaît et qu'elle
» lui est demandée, la nouvelle adresse du locataire dé-
» ménagé, et le propriétaire est, dans ce cas, civilement
» responsable des faits de son préposé. *(Trib. de paix, iii°
» arr. de Paris, 1837. — Trib. de la Seine, 5° Ch., 22 juillet*
1857, 30 août 1859. — *4° Ch, 25 juin 1868* (2). »

Malheureusement, à cause surtout du peu d'esprit d'en-

---

(1) Voici encore, à ce propos, quelque chose de tout récent :

« Un de ces aimables concierges avait pris un de ses locataires en
grippe. A propos de quoi ? On ne sait. Souvent à propos de rien. Il
suffît que votre figure ne leur « revienne » pas, comme ils disent.

« La victime, cette fois était un médecin. Pas d'avanie qu'on ne lui
fît subir ! Et avec cela que la profession y prê... comme pas une ! Visites
arrêtées au passage, mots désobligeants, renseignements erronés, lettres
interceptées, tous les mauvais tours imaginables inventés et mis en
œuvre pour nuire au malheureux locataire, objet de l'animosité de la
loge.

» Après avoir vainement tenté de museler le Cerbère, le médecin s'a-
dressa au propriétaire ; mais celui-ci fit la sourde oreille, et notre
docteur, fatigué de se plaindre inutilement et lésé dans ses intérêts,
s'est vu obligé de demander protection à la justice.

» Il a donc assigné son propriétaire en référé afin d'être autorisé à
faire expulser, si le propriétaire ne le faisait pas lui-même, le concierge
vindicatif.

» Après avoir entendu M° Emile Roche, avoué du demandeur, et M°
Allain pour le propriétaire, M. le Président, en présence des faits graves
qui lui étaient déférés, a autorisé le médecin à faire expulser immédia-
tement le concierge, mais à charge de mettre à sa place, aux frais du
propriétaire, un planton invalide (ayant encore au moins un bras, sans
doute) pour tirer le cordon. »

(2) Extrait.

tente entre locataires, toutes ces dispositions demeurent presque toujours à l'état de lettre morte ; M. *Pipelet* continue de gouverner en maître ; que dis-je ? maître ? — ô contradiction entre le régime et les principes ! — il ne l'a jamais été plus que maintenant ; aussi la plaie du paupérisme augmente-t-elle d'une façon formidable par la facilité avec laquelle sont mises à la porte d'un logement, de malheureuses familles qui, tout en acquittant leur loyer et en se conduisant décemment, sont, la plupart du temps, victimes des pouvoirs sans bornes du propriétaire, et du droit — pratiquement — autant dire absolu du concierge. Ce dernier, en effet, véritable tyran, dispose à sa guise des logements, en fait congédier les occupants sans motif plausible et sans autre raison que son bon plaisir, dans le but principal d'empocher le plus souvent possible le fameux *denier à Dieu*, vieille coutume qui, tout en étant une offense à la Divinité qu'elle invoque, n'est pas près de tomber en désuétude chez des gens aussi pratiques (1 .

---

(1) On me citait encore, dernièrement, certaine concierge à laquelle un aspirant locataire avait remis 7 fr. de denier à Dieu (un précédent avait sans doute déjà offert 5 fr.). L'avisée concierge laisse les 7 fr. sur sa table ; d'autres postulants se présentent. — C'est loué, leur dit elle ; tenez, voilà même ce qui m'a été donné. — Qu'à cela ne tienne, lui répond-on : en voici 10. Et le logement fut *adjugé* aux plus offrants.

D'autres, parmi ces estimables chevaliers de la loge, vont jusqu'à se dispenser de mettre un écriteau à la façade des maisons, afin de louer selon leur fantaisie. Une concierge avait l'audace d'avouer, tout récemment, qu'elle s'abstenait de cette indication, pour louer de préférence à des *cocottes*, *parce que ça lui rapportait* beaucoup plus que de prendre comme locataires des gens de bonnes mœurs.

Il est aussi des portiers qui louent le prix qu'ils veulent et certes ils ne se font pas faute d'en user. Ce commerce, à coup sûr, ne laisse pas que de leur être très-lucratif. Falsifient-ils la signature du propriétaire ? ou bien celui-ci, d'accord ou non avec eux, signe-t-il les quittances en blanc ? *That is the question.*

Quant aux intérieurs réguliers ou raisonnables, ils sont en butte à toutes les avanies, à toutes les persécutions ; car ils n'ont pas pour motifs des écarts de conduite pour prodiguer à la loge des intérêts de *passe*, encore qu'aux termes, bien souvent, ils n'exigent pas la menue monnaie, de même qu'ils ne négligent pas les étrennes au jour de l'an ; mais cela ne saurait suffire aux rapaces et peu scrupuleux portiers : il leur faut *catins et cocodes* !

D'un autre côté, s'agit-il de renseignements à fournir sur les locataires : l'infâme, pourvu qu'il soit *généreux*, sera désigné comme étant d'une probité parfaite, et l'homme probe, le véritable travailleur, comme

Quant aux personnes de mauvaise vie, elles sont en général favorisées, leurs pourboires aux concierges étant gros ou fréquents ; tandis que les personnes honnêtes et pauvres ne sont que des vilains aux yeux de *mesdames* et *messieurs du cordon.*

Que de précaires, mais intéressants ménages transformés

---

un être indigne, parce que, soucieux avant tout de sa famille, il ne sacrifiera rien ou que peu aux concierges, d'un argent honnêtement et péniblement gagné. Qu'un chômage survienne, le malheureux sera même traité de *propre à rien, de rien qui vaille.* Aussi, combien sont maladroits et peu perspicaces — pour ne pas dire plus — ceux qui, soit pour une admission à un emploi, soit pour quelque bien à faire ou un service à rendre, ont la manie de s'informer auprès de la gent préposée au cordon. Mieux vaut interroger directement les intéressés : c'est encore le meilleur moyen ; on sera trompé quelquefois, mais on le sera moins souvent, et surtout d'une façon moins odieuse.

Et puis, les concierges ne brillent pas du côté de la discrétion ; si vous vous adressez à eux, chacun saura, du rez-de-chaussée au suprême étage ce dont il s'agit : et tout bienfait rendu humiliant est de la fausse charité qui mérite plutôt la haine que la gratitude.

Puisque j'ai tant fait que de vous entretenir de la *charmante* corporation des portiers, si je vous parlais, chemin faisant, d'une concierge typique, surpassant, en méchancetés et tracasseries, toutes ses congénères. Celle-ci, pour sûr, déjà célèbre, deviendra légendaire. Elle me rappelle, mais en réalité, une prétendue mère *Bancachenue* à propos de laquelle on m'effrayait lorsqu'enfant, je n'étais pas sage, ou encore lorsque mes camarades et moi, nous nous effrayions les uns les autres en en parlant.

Dernièrement, elle élevait un canard. Pour le baigner, à certaines heures de la journée elle ouvrait tout grand le robinet de la fontaine et inondait à cet effet toute la cour de la maison. Malheur aux ménagères qui se présentaient alors pour faire provision d'eau : non seulement il leur fallait se mouiller les pieds au moins jusqu'à la cheville, mais encore encourir la mauvaise humeur et essuyer les invectives de la concierge prétendant que cour et fontaine étant au propriétaire sont à elle, concierge, et qu'elle en dispose à son gré ; que les locataires pouvaient bien s'approvisionner d'eau dans un autre moment.

La même, ennemie acharnée des enfants, les pourchasse dans les escaliers, ou leur fait des peurs atroces. Elle crie contre quiconque — enfants ou grandes personnes — n'a pas le pas assez léger à son idée.

Par contre, que joueurs de bonneteau ou autres gens de même acabit rentrent, en pleine nuit, ivres, avec leurs maîtresses non moins avinées, et fassent un vacarme épouvantable aussi bien dans les escaliers qu'à huis-clos, la concierge fermera les yeux ou fera la sourde oreille, car ce sont des locataires à *pourboires et régalades* ; mais qu'une honnête et paisible famille reçoive des parents et se permette quelques chansons, on lui imposera silence sous menace de congé.

Ah ! s'il fallait tout énumérer, nous n'en finirions pas : les locataires obligés de sonner, ou crier le cordon, après 10 heures, un nombre incalculable de fois avant *que la porte ne daigne s'ouvrir* ; le gaz allumé à 9 h., 9 h. 1/2 du soir, et fermé moins d'une demi-heure après ; les bons ménages gâtés ; etc. etc. !

ainsi, à tout propos, en tribus nomades, habitant tantôt ici, tantôt là ; tantôt dans un quartier, tantôt dans un autre ! Et puis, sous tous les rapports, un déménagement est coûteux ; il ne peut, par conséquent, qu'ajouter à la gène, à la détresse déjà existantes. De là, des misères sans nom, des souffrances poignantes.

D'autre part, un peu de carrelage est à refaire ; la cheminée, se disloquant par la vétusté, a besoin de réparations, et les murs réclament un nouveau papier : vite, locataire, consens à une augmentation de loyer, ou va-t-en ; ou bien reste dans le délabrement et la malpropreté que le protecteur des punaises t'impose.

Que dire encore de cette catégorie de propriétaires qui font remettre les logements à neuf à la charge des locataires, et donnent ensuite congé à ceux-ci pour louer plus cher à d'autres ? La série serait interminable, s'il nous fallait expliquer un à un tous les abus de l'autocratie immobilière.

Ils ne se produisent pas à Paris seulement :

« Un de nos lecteurs de Reims », lisait-on ces jours-ci dans la *Bataille*, sous la signature *Jean Paria*, « nous signale la conduite de son propriétaire :

« Ce dernier lui ayant promis verbalement un long bail,
» il fait des réparations considérables à son appartement ;
» puis, lorsque les réparations sont terminées, il reçoit
» congé du propriétaire qui, bénéficiant des améliorations
» apportées au local, exige du locataire futur un loyer aug-
» menté de quelques centaines de francs. »

Les plus grands ennemis de la propriété sont les propriétaires eux-mêmes, car ils ne s'aperçoivent pas, ces hommes sans cœur, ces égoïstes à courte vue, qu'ils lassent toute patience par leurs procédés ultra-abusifs. « Les abus des possesseurs », a dit l'abbé Bougaud, « amèneront infailliblement la réforme du droit de propriété ! »

IX.

LES INTÉRIEURS BRUYANTS, ETC.

Souvent aussi, sous prétexte de bruit, ou sur les doléances de quelques autres locataires grincheux, mais amis précieux de la loge, on refuse de louer ou on donne congé à un ménage ou à une ouvrière possédant une machine à coudre. Selon vous, ô charitables propriétaires ; selon vous également, ô Caïns de la location, faudrait-il donc pour utiliser leur gagne-pain à domicile, que les travailleurs logeassent à la belle étoile, afin de ne point gêner tel ou tel voisin, porter sur les nerfs de *madame*, troubler les aises de *monsieur* ?... Eh ! mon Dieu, que sais-je ?... Mais on n'oserait se plaindre de ce meuble criard, appelé piano ; car c'est un grand répondant ; on glisse de même sur les bruyantes parties du généreux petit-maître et de la prodigue courtisane à laquelle on tolère même un griffon, un roquet ou une levrette, pendant qu'on exige de l'ouvrier l'abandon d'un caniche fidèle. Heureux donc les luxueux et les luxurieux ! Malheur aux travailleurs honnêtes ! Défense à leurs enfants de pleurer, rire, jouer, chanter ! de se livrer à leurs innocents ébats !

Ah ! logique humaine, on te reconnaît bien là !

On ne veut pas ou vous ne voulez point de tapage ; eh bien ! messieurs les propriétaires, faites faire des murailles et des plafonds plus épais : camelotez moins la bâtisse. Un locataire, ce me semble, n'est pas assimilable à un esclave ; et on n'a sans doute pas aboli l'esclavage tout exprès pour qu'il en subsistât encore quelques bribes au profit des propriétaires. Toute location doit, en bonne et saine justice, constituer pour le locataire une sorte de propriété provisoire, limitée à l'absence de scandale et au paiement du loyer : le droit de propriété ne devrait pas aller jusqu'à la possibilité de donner congé pour des motifs futiles ou imaginaires. Dans le cas — si fructueux d'ailleurs pour les propriétaires — de démolition ou d'expropriation, les locataires ainsi congédiés par force majeure devraient recevoir une indemnité, dite de déménagement, pour le préjudice immédiat ou éventuel qui leur est causé de ce chef.

Qu'on n'admette point d'animaux dans les logements, passe encore ; et cependant tout locataire doit être libre chez lui ; mais il y a des questions d'hygiène dont il faut tenir compte. Malheureusement, ainsi que nous l'avons exposé plus haut, on permet souvent aux uns ce qu'on interdit aux autres ; on a deux poids et deux mesures. Tel aussi, dans un même local, pourra arborer des fleurs, étendre du linge à sa fenêtre, que tel autre ne le pourra pas.

X.

Intrà-muros ACCESSIBLE A TOUS !

On alléguera — car des raisons, bonnes ou mauvaises, on en trouve toujours — que les locataires peuvent aller se loger *extrà-muros*, où la vie est moins chère et où les propriétaires sont moins exigeants. Eh bien encore ! non : Paris est fait pour tout le monde ; le droit de cité appartient au prolétaire comme au bourgeois ; c'est déjà trop que le premier ne puisse pas en jouir à l'égal du second.

Quoi de plus incommode, du reste, que d'avoir à se rendre pour ses occupations quotidiennes, de la banlieue au centre de Paris ! Est-il donc si gai et est-ce un surcroît normal, après une pénible journée de travail qui se prolonge souvent fort avant dans la soirée, d'avoir toujours en perspective pour le lendemain plusieurs heures de marche et de fatigue ? Car chacun sait que jusqu'à sept heures et même sept heures et demie du matin, les moyens de transport font défaut. D'ailleurs, les dépenses — voies de terre, de fer ou de Seine — diminuent d'autant le gain.

Et la masse des citoyens ne crierait-elle pas *bravo !* de toutes ses forces, si, grâce à la main de l'Etat, au lieu de ne bâtir que par spéculation, c'est-à-dire pour grossir la fortune souvent déjà énorme de quelques-uns, on bâtissait surtout pour l'utilité « *du plus grand nombre* ». Alors,

on ferait moins beau et meilleur pour tous : au lieu de
n'édifier constamment que de belles avenues, de magni-
fiques boulevards, des rues superbes, remplis de maisons
fastueuses, éblouissantes, on s'occuperait enfin de percer
dans Paris, sur une vaste échelle, des rues à la Fénelon,
des rues de *Salente* composées de cités ne renfermant que
des appartements simples, mais sains et spacieux, pour
les ouvriers (1). Car il est temps que le prolétaire, à la
place de cloaques léthifères d'un prix relativement scan-
daleux, trouve à bon compte un logis convenable ; un locataire est fait comme un propriétaire, il est de chair et
d'os comme lui ; tous deux ont été mis nus au monde, tous
deux deviendront cadavres. Comme les Normands de jadis
le disaient poétiquement, avec une naïve éloquence, à
propos des seigneurs :

« Pourquoi nous laisser faire dommage ?
« Nous sommes hommes comme ils sont,
» Des membres avons, comme ils ont
» . . . . »

Et qu'est-ce que la vie, maintenant surtout, sinon une
loterie perpétuelle ?

---

(1) « Le remède à trouver, » dit fort bien M. Paul Brousse, ex-rédacteur
de la *Bataille*, « est d'ordre économique. La cherté des logements,
l'exigence et la morgue des propriétaires résultent tout simplement de
ce qu'il y a sur le marché plus de *demandes* que d'*offres* de logements.
Il suffirait de créer une situation inverse. Pourquoi, nos votes dans les
reins, le Conseil municipal de Paris ne se ferait-il pas entrepreneur de
logements ? Qu'il bâtisse de bonnes habitations, bien aérées, bien hygiéniques, avec le gaz, l'heure, l'eau dans chaque logement ; qu'il les
mette, pour un prix de revient calculé sur l'amortissement du capital
de construction et sur les frais d'entretien, au service des familles ouvrières ; et devant cette concurrence, tomberont les plumes orgueil-
leuses de *M. Vautour*. Il ne faut que vingt conseillers municipaux
ouvriers pour que ce rêve devienne réalité ! »
Lors des futures élections municipales, ouvriers et employés, songez-y :
cette idée est excellente ; il vous appartient de la rendre pratique, à
moins que vous ne préfériez voter contre vous-mêmes en persistant à
élire des bourgeois ou des individus *ejusdem farinæ* (la couleur importe peu).

Qu'est-ce que la fortune (1) ? Le produit du hasard, la plupart du temps ; du vol ou de l'intrigue, souvent ; du véritable travail et de l'honnêteté, rarement, pour ne point dire jamais ; mais, un peu plus tôt, un peu plus tard, il faudra bien que cette dernière source de la richesse soit seule à la portée de chaque individu, selon ses aptitudes et sa vocation.

Une femme de beaucoup d'esprit a caractérisé de la sorte l'honneur pris sur le pied courant : « Qui n'est honnête homme qu'aux yeux de la Loi, n'a droit qu'au respect du bourreau. »

Il y a, en effet, une foule d'*honnêtetés* de convention et bien peu d'*honnêtetés* réelles, la considération ne se mesurant qu'à la chance ou au succès, et non au mérite. De même, la justice légale est contraire le plus souvent à la véritable justice.....

D'autre part, il importe d'enrayer au plus vite cette fièvre de spéculation financière faisant cent heureux contre cent mille dupes, et ne créant qu'un va-et-vient d'argent

---

(1) « La fortune personnelle est toujours le produit d'un vol ; si le vol n'a pas été commis par le possesseur, il a été commis par ses ancêtres. » *Saint-Jérôme.*

« Et c'est l'usurpation, » dit Saint-Ambroise, « qui a produit le droit de propriété. »

« En bonne justice, tout devrait appartenir à tous. C'est l'iniquité qui a fait la propriété particulière. » *Saint-Clément*

Ecoutez maintenant, propriétaires, le grand Saint-Bazile, évêque de Césarée (les prêtres de ce temps-là, vrais disciples du Christ, étaient plus les amis des pauvres que des riches):

« Quelles choses dites-vous vous appartenir ? *De qui les avez-vous reçues ?* Vous faites comme cet homme qui, étant dans l'amphithéâtre et s'étant hâté de prendre les places que d'autres pourraient prendre, les voudrait tous empêcher d'entrer, appliquant à son seul usage ce qui est là pour l'usage de tous. »

En effet, si l'on faisait un décret prescrivant la recherche de l'origine des fortunes, que de dépossessions légitimes il y aurait lieu d'opérer ensuite ! Mais, sans aller aussi loin, et tenant compte des siècles et des faits, nous demandons seulement que la propriété soit moins abusive.

Il n'est pas moins vrai pour cela que la civilisation actuelle, au point de vue de l'opulence, ne profite presqu'exclusivement qu'aux coquins intelligents et aux crétins chanceux ou avares. Quiconque a des idées grandes, larges, généreuses, est voué à un perpétuel malheur : s'il est pauvre, il ne s'enrichit pas : s'il est riche, il perd sa fortune, et dans le premier comme dans le second cas, il est méconnu ou persécuté.

inutile ou funeste à la nation, et qui ne profite pas ou
ne profite guère au travailleur.

Un homme d'Etat a dit : « On ne vit pas de politique, on
vit d'affaires. » Il eût bien fait d'ajouter que si on vit d'affaires, malheureusement on ne fait que vivoter, végéter
par le travail ; que ce qu'on entend par vivre d'affaires,
c'est vivre en exploitant le travail d'autrui sans travailler
soi-même, ou bien en rétribuant autrui dérisoirement eu
égard aux bénéfices réalisés sur lui ; c'est là l'abomination
de la société ; c'est donc par là qu'il faut, à tout prix, je
ne dis pas la détruire, mais la remanier ; sinon, c'est justifier, à tous les degrés, toutes les scélératesses humaines.

Napoléon Iᵉʳ lui-même a affirmé de la manière suivante
la nécessité d'une transformation sociale : « Il faut fonder
» une nouvelle société ; l'Europe attend, sollicite ce bien-
» fait. Le vieux système est à bout, et le nouveau n'est
» point assis et ne le sera pas sans de longues et furieuses
» convulsions encore. »

Quant à abolir la propriété, ce serait, sans aucun doute,
une mesure extrême autant que peu pratique ; il y a lieu
seulement de réglementer l'usage de la possession, princi-
palement en tant qu'immeubles ; d'en empêcher les abus,
d'en définir et limiter les droits d'une façon à la fois plus
équitable et plus égalitaire, ou tout au moins mieux répartie.

Si la masse du peuple était plus clairvoyante, elle s'a-
percevrait du manège des puissants du jour — aristocra
tes déguisés en démocrates — qui, pour détourner ses
revendications, la passionnent anti-religieusement afin de
n'avoir rien à lui accorder socialement ; le pauvre com-
prendrait que s'attaquer à la religion n'est pas ce qui procure l'aisance à la pauvreté, et le locataire, que ce n'est
pas non plus cette guerre à Dieu, qui empêche d'être à la
discrétion du propriétaire.

Il faut, pour résoudre tout ou partie de la question
sociale, dégager tout-à-fait celle-ci des questions reli-
gieuses et politiques, mais en lui donnant gouvernemen-
talement la préséance sur elles. Si l'on tombe dans les
errements du socialisme actuel qui mélange toutes les

questions, on ne résout rien : *verba, non acta.* En tout cas, il importe d'agir par esprit de correction, et non par esprit de haine.

XI.

ABSENCE DE DROITS LOCATIFS.

Pour ce qui est des droits afférents à la partie locative, nous avons beau être en République, ils attendent encore un créateur. La loi, si tendre pour les riches, = qui l'ont faite, d'ailleurs = et si dure aux humbles, a donné les droits aux propriétaires et imposé les obligations aux locataires.

Ce sont là des disconvenances qui ne sauraient subsister.

Tout locataire ayant, par exemple, reçu congé sans l'avoir demandé, et pouvant justifier, auprès du commissaire de police de son quartier, de sa solvabilité et de sa conduite. devrait obtenir l'autorisation formelle de ne point déménager ; et tout congé devrait être annulé, en dehors du cas de scandale bien démontré ou de non-paiement du loyer. Il ne faut pas que les propriétaires continuent à congédier et à expulser pour des riens. Le souci du terme, tous les ans renouvelé quatre fois, « *ces quatre étapes mar-* » *quées de croix noires par les déshérités de la fortune.* », comme l'a si bien exprimé je ne sais plus quel auteur ; ce souci, dis-je, est déjà suffisant, sans qu'on trouve encore le moyen de le transformer en une situation des plus critques et des plus navrantes pour ces nombreux habitants qui forment dans les villes la population ouvrière et bureaucratique L'huissier est là, toujours prêt à saisir les pauvres hardes, les misérables meubles du locataire en retard. et à procéder, au besoin, à son expulsion ; car le propriétaire ne tient pas compte qu'il fait payer assez ceux qui paient pour ceux qui ne paient pas ; sans cœur et sans âme, il lui suffit de se repaître, même sans profit, du malheur d'autrui.

Quant à l'huissier exécuteur, il est un peu comme le bourreau : souvent (mais pourquoi choisir cette charge qui n'est productive qu'aux titulaires endurcis ?) il est innocent d'intention ; c'est l'Etat *en la personne des Domaines, etc.*, qui, de compte à demi avec le propriétaire, est le principal coupable par là-même qu'il est le principal *préleveur*.

XII.

LIMITATIONS ET RÉFORMES NÉCESSAIRES.

Souhaitons que l'Etat en arrive bientôt, au moyen d'un tarif spécial, à régler, limiter, réfréner le prix des loyers. Même dans les quartiers les plus pauvres, ils sont d'une cherté exorbitante qui va toujours *crescendo*, absorbe le mince budget de l'ouvrier comme de l'employé ; épuise, enfin, les ressources du malheureux travailleur, alors qu'elle constitue généralement pour le propriétaire, ce créancier inexorable, un revenu qui, malgré certaines impositions, dépasse encore toute mesure (1). On poursuit bien l'*usurier-prêteur* (2)! Pourquoi ne pas poursuivre

---

(1) « Les premiers pères de l'Eglise, tels que saint Thomas, Lactance, saint Bazile, saint Grégoire de Nysse, saint Grégoire de Naziance, saint Chrysostome, saint Jérôme, saint Ambroise et saint Augustin, tous doués d'une singulière intuition des vérités sociales, ont condamné l'intérêt de l'argent sous le nom d'usure. En prescrivant le prêt gratuit, ils admettaient implicitement que le travail est la source unique de la propriété individuelle ; ils renversaient les principes économiques du droit romain. Les efforts de ces belles intelligences et de ces grands cœurs sont restés infructueux, parce que leur temps n'avait pas de notions précises sur la propriété individuelle et la propriété collective. Celle-ci, loin d'obtenir sa part légitime, disparut devant sa rivale, qui s'attribua la multitude des privilèges féodaux et prétendit avoir le corps et les âmes des hommes. » (Dʳ Clavel, *Statique sociale.*)

(2) M. Alexandre Michaux (*Progrès de l'Aisne* du 31 mars 1882) faisait, à propos d'une récente décision législative des plus anormales, ces judicieuses réflexions : « La Chambre a voté la liberté illimitée du taux de l'intérêt en matière commerciale ; mais elle a limité ce taux à 5 0/0 en matière civile. Nous aurons donc désormais les *honnêtes gens, dans, l'ordre commercial,* qui pourront prêter à tout prix sans que leur considération en souffre, et les *malhonnêtes gens, dans l'ordre civil,* qui ne pourront prêter à plus de 5 0/0 sans être criminels. Cette inconséquence est choquante. Il fallait être nettement ou pour la liberté ou pour la restriction. Si la liberté de l'intérêt est mauvaise et dangereuse, elle l'est aussi bien en matière de commerce qu'en matière civile. »

l'usurier-propriétaire ? Si le législateur n'intervient pas
pour limiter le taux des loyers, des terres et des maisons,
a-t-il davantage le droit d'intervenir pour limiter l'intérêt
de l'argent ? Or, l'usure étant, dans le dernier cas, répri-
mée, devrait l'être aussi en ce qui concerne les rendements
d'une possession d'immeubles ; il y a, aujourd'hui plus
que jamais, urgence à soumettre l'usage de la propriété à
certaines restrictions et prohibitions, car les exigences et
prétentions des propriétaires ne connaissent plus de bornes.
Que le gouvernement adopte enfin un programme contre
les abus de la propriété et l'exécute avec la plus grande
fermeté, d'accord ou non avec le législateur ! Qu'un tribunal
spécial soit, au besoin, créé à cet effet. Assez de toutes les
calembredaines du parlementarisme. Il n'y a pas de temps
à perdre ; l'orage gronde à l'horizon social ; il y va du salut
des propriétaires coupables : qu'ils ne fassent pas éclater
la foudre ! Loin de pouvoir augmenter le prix de la location, ils devraient plutôt, en bonne règle, être contraints
à indemniser les locataires pour les loyers excessifs qu'ils
en ont exigés depuis plusieurs années. Qu'ils consentent
au moins à des réductions ; qu'ils comprennent, dans l'intérêt de leur propre individu, la nécessité de ramener
les loyers à un taux normal, après s'être tant laissés aller
à la *fureur du renchérissement.*

On peut dire que la propriété et le Mont-de-Piété se
font concurrence comme taux d'intérêt ; tous deux préten
dent être utiles au genre humain ; mais il n'en est pas
moins vrai que la première ne l'abrite et le second ne lui
prête que de façon à mieux assurer sa misère ou sa ruine ;
encore le Mont-de-Piété ne prélève t-il que 9 1/2 0/0, tandis que la propriété immobilière à Paris rapporte jusqu'à
15, quelquefois même 20 0/0 aux propriétaires. C'est donc
là de l'usure au premier chef. Or, d'après la loi (art. 3 et 4),
*le délit d'usure donne lieu à un emprisonnement de six jours
à six mois, et à une amende qui peut s'élever jusqu'à la
moitié des capitaux engagés. La récidive entraîne la condamnation au maximum de ces peines et permet même de la
porter au double ; la récidive peut résulter d'un fait postérieur
d'usure, même unique. Les tribunaux peuvent, en outre, or-*

donner l'affiche du jugement et son insertion dans les jour-
naux.

L'usurier est un véritable fléau social ; mais ses ma-
nœuvres sont, hélas ! rarement atteintes par la loi ; du
texte à l'application, il y a un abîme quand il s'agit de
protéger l'exploité contre l'exploiteur. Malheureusement
encore, l'interdiction de l'intérêt usuraire ne s'étend pas
au capital immobilier, sous prétexte que l'importance de
ce capital pourrait être aisément grossie soit par de faux
actes de vente, soit par de faux mémoires de construction,
et qu'ainsi les peines répressives de l'usure en pareil cas
seraient trop facilement éludées pour être efficaces. Heureux et puissants propriétaires ! voyez, le législateur déclare que la loi serait impuissante à vous frapper ; vous
pouvez donc, en attendant quelque chose de plus fort que
la loi, vous en donner à cœur joie sur *la besace* de vos locataires.

Il y aura bientôt un siècle qu'un *bonasse* souverain qui,
à votre point de vue, se prêtait trop aux réformes, s'est
brisé contre vous : vous ne l'avez assassiné que pour mieux
abuser de la crédulité publique, puisqu'au servage a succédé — de par vous — l'exploitation de l'homme par l'homme, de la pauvreté par la richesse, de l'honnêteté par le
vol ou l'intrigue. Car il faut bien se pénétrer de ceci : c'est
que ce guillotinement d'un roi débonnaire fut le fait de la
bourgeoisie, et non de la masse du peuple.

Une anecdote pour corroborer cette réminiscence historique :

Lorsque le grand Turgot, socialement populaire dans les
annales françaises comme Vauban et Fénelon, voulut en
sa qualité de ministre des finances, abolir les octrois et
remplacer la corvée qui pesait sur le pauvre, par un impôt
que paieraient les propriétaires, il vit ses tentatives d'a-
mélioration entravées par les privilégiées ; ce qui fit dire
au malheureux Louis XVI, près de quinze ans déjà avant la
Révolution,(mars 1776) : « *Je vois bien qu'il n'y a que M. Turgot et moi qui aimions le peuple,* » En effet, l'aristocratie
d'alors, déjà mâtinée de bourgeoisisme, appelait dédai-
gneusement le roi : « *l'esclave du peuple* ».

La Révolution ne fit que substituer à l'aristocratie de la noblesse celle de la bourgeoisie : nous sommes, en un mot, tombés de Charybde en Scylla sous les *espèces* républicaines. Bourgeois ou propriétaires, vous tenez votre république aux dépens du prolétariat qui ne s'aperçoit guère encore de la supercherie dont il est l'objet et du mépris dont vous le couvrez, tout en le flattant dans vos discours publics; je comprends que vous vous cramponniez aux rênes, mais êtes-vous bien sûr que cette république aristocratiquement bourgeoise restera vôtre? croyez-vous que les prolétaires ne finiront pas par remarquer que toutes vos mesures — les anti-religiéuses par exemple (au point de vue de la résistance rencontrée, exploits renouvelés de Don Quichotte contre des moulins à vent) — ne sont que des *duperies politiques* ? Vous voulez ainsi donner le change aux travailleurs, les détourner, je le répète, de leurs légitimes revendications, les tromper sur leurs véritables intérêts, tant que vos ficelles échapperont à leur clairvoyance. Ce jeu, soyez-en persuadés, ne saurait être éternel : *Candide* se lassera bientôt de toujours *tirer* pour vous exclusivement *les marrons du feu.*

« Les prolétaires, dont la situation a empiré », a dit Lamartine, « remueront la société jusqu'à ce que le socialisme ait succédé à l'odieux individualisme. »

XIII.

LIMITATIONS ET RÉFORMES NÉCESSAIRES (SUITE). — LAMENTABLES DÉTRESSES.

Mais retournons à nos loyers, cause sociale que nous sommes loin d'avoir épuisée :

Outre leur cherté exorbitante, il y a aussi l'abus des loyers d'avance (1), garantie imaginée par *messieurs* les

---

(1) Deux exemples, parmi tant d'autres semblables :
M. Minvielle, 3, rue Visconti, signalait dernièrement à la *Bataille* son propriétaire (architecte de la Ville de Paris, s. v. p) qui exige

propriétaires, et qui tend à se généraliser, toujours pour le plus grand profit de ces derniers. C'est pour eux, en fait, un procédé .essentiellement lucratif, puisqu'ils s'arrogent l'intérêt de cet argent, tandis qu'en toute justice, ce sont les déposants seuls qui devraient en bénéficier. Si l'on ne met un frein à toutes ces exigences, Paris ne sera bientôt plus habitable que pour les millionnaires ; mais alors, gare à une croisade de la part des prolétaires mis à bout, auxquels se joindront pas mal de boutiquiers non moins exaspérés.

Comme le disait Sully à Henri IV, « *Tous tumultes, désordres et mutinations proviennent quelquefois de légitimes causes et plus souvent d'avoir du mal que du désir d'en faire* ».

Avec le terme exigé par anticipation, il arrive fréquemment que les malheureux qui déménagent, se trouvent avoir à payer deux termes à la fois, celui de la maison qu'ils quittent et celui de la maison où ils entrent. Vu les difficultés de l'existence ; eu égard surtout à la surélévation des loyers, ce sont là de monstrueux abus réclamant prompte et sévère justice. L'entrain dans les abus sociaux va de plus en plus excédant toute limite, au grand désespoir des victimes, auxquelles toute économie est ainsi rendue impossible, malgré des privations qui sont d'ailleurs contre nature et légitiment toute révolte contre cet excès d'inégalité.

Le montant du loyer à Paris atteint souvent le 1/5, même le 1/4 du gain annuel de l'employé ou de l'ouvrier marié. Les logements, en effet, grâce aux prétentions de plus en plus excessives des propriétaires notamment, surtout, ce propriétaire de la rue Saint-Maur, à Paris, qui, ayant 42 locataires, tous ouvriers, vient d'augmenter d'un seul coup le prix de ses locations de *vingt-cinq pour cent*) ; les logements, dis-je, se louent maintenant des prix in-

---

que son locataire dépose chez un notaire *trois* années de loyer. Rien que ça !

Un autre propriétaire, à Ivry-sur-Seine, forçait tout récemment ses quarante-trois locataires à payer d'avance le prix de leur location. Trente ayant refusé, il leur a donné congé, en attendant l'expulsion.

sensés, inouïs, tout en étant maintes fois de véritables taudis, malsains, insalubres (1) et presqu'inhabita-

(1) Il y a bien, il est vrai, des lois et prescriptions touchant l'insalubrité des logements, et des commissions *ad hoc* ; mais ce n'est qu'écrit, appliqué ou exécuté, jamais ; ou du moins, si exceptionnellement qu'on ne saurait s'en apercevoir :

« Sont réputés insalubres, les logements qui se trouvent dans des conditions de nature à porter atteinte à la vie, ou à la santé de leurs habitants. » (Loi du 22 avril 1850, art. 1er).

Art. 3. « La commission visitera les lieux signalés comme insalubres. Elle déterminera l'état d'insalubrité et en indiquera les causes ainsi que les moyens d'y remédier. Elle désignera les logements qui ne seraient pas susceptibles d'assainissement. »

Voici également une ordonnance du Préfet de Police du 23 novembre 1853 :

Art. 1er. « Les maisons doivent être tenues tant à l'intérieur qu'à l'extérieur dans un état constant de propreté. »

Art. 4. « Les cabinets d'aisances seront disposés et ventilés de manière à ne pas donner d'odeur. Le sol devra être imperméable et tenu dans un état constant de propreté. »

Passons maintenant au *Code Civil*.

Art. 1720. « Le bailleur est obligé de délivrer la chose louée en bon état de toute espèce et de faire pendant toute la durée du bail toutes les réparations qui peuvent devenir nécessaires, autres que les locatives. »

Pour ce qui est de l'insalubrité des logements, disons que ceux-ci seraient généralement sains, si les propriétaires ne les raccourcissaient pas à plaisir pour accroître les rapports de leurs immeubles. On ne verrait pas autrement tant d'intérieurs dépourvus d'appareils de chauffage et ne prenant jour et air que sur des paliers et corridors. Et si les loyers n'étaient pas aussi chers, on ne verrait pas une unique pièce servir à la fois de chambre à coucher, d'atelier ou de bureau, de salle à manger, de cuisine, etc ; un air vicié, insuffisant, méphitique, mortel, ne serait pas l'apanage de tant de malheureux travailleurs, de tant de pauvres familles. Aussi les enfants et les vieillards sont-ils relativement beaucoup moins nombreux à Paris qu'en province. Sur 10.000 habitants, la proportion en moins est de trois-cents enfants et trois-cent-vingt vieillards.

Et les causes de mortalité sont tellement dues à l'hygiène intérieure, qu'alors que dans les *maisons riches*, il meurt onze habitants sur mille, il en meurt trente-huit dans les *maisons pauvres* et cinquante dans les maisons *plus pauvres*. Exemple : dans un arrondissement habité en général par des riches, le deuxième, la mortalité est de 1 sur 65 ; dans le douzième, arrondissement ouvrier, 1 sur 15.

« Paris », dit le docteur Bertillon, « tant par l'excès de sa mortalité que par l'excès de sa stérilité, supprime annuellement plus de 39,000 existences — formidable déficit que vient incessamment combler et bien au-delà, l'immigration du reste de la France et de l'Étranger, puisque malgré cela la population de Paris augmente de vingt-mille habitants par an. »

Étant données les mauvaises conditions hygiéniques des habitations, une aussi effrayante mortalité n'a rien qui étonne ; mais elle est la condamnation de la société, laquelle - comme l'a dit le grand Bossuet, peu suspect de socialisme pourtant — est tenue de rendre la vie commode à tous. » Or, l'ouvrier ne sort de l'atmosphère fétide de son atelier

bles , les propriétaires se souciant fort peu de l'hygiène
et de l'atténuation de la pathologie chez leurs locataires ;

---

que pour entrer dans celle plus délétère encore, de son logement, où
l'attendent souvent une femme amaigrie, des enfants étiolés par une
respiration viciée, quand ce n'est pas par d'autres privations encore que
celle d'un air suffisant et sain.

Les statistiques publiées par les administrations gouvernementales, dit
M. L. Maës, ont une éloquence que nous devons signaler :

Le docteur Villermé constate qu'à aucune époque, mais surtout dans
l'enfance et dans la vieillesse, le riche ne meurt autant que le pauvre.
La santé des pauvres est toujours précaire, leur taille moins développée,
et leur mortalité excessive en comparaison du développement du corps,
de la santé et de la mortalité des gens mieux traités de la fortune.

En d'autres termes, l'aisance, la richesse, c'est-à-dire les circonstances
dans lesquelles elles placent ceux qui en jouissent, sont véritablement
les premières de toutes les conditions hygiéniques

A Paris, dans les quartiers de la Bourse, la mortalité par an est de
13 à 16 sur 1,000 habitants, tandis qu'elle est de 25 à 31 sur 1,000
dans le quartier de la Villette.

A Berlin, d'après le docteur Casper, la vie moyenne du riche est de
cinquante ans et celle du pauvre de trente-deux seulement.

A Genève, la vie moyenne est de cinquante-deux ans pour les riches
et de trente-neuf pour les pauvres ; pour cette ville a été publié par le
docteur Mare-d'Espines le tableau suivant :

Sur mille naissances, il reste à l'âge de :

1 an	975 riches	942 pauvres
3 —	896 —	873 —
10 —	840 —	782 —
20 —	799 —	722 —
30 —	721 —	617 —
40 —	684 —	556 —
50 —	629 —	408 —
60 —	541 —	321 —
70 —	379 —	164 —
80 —	142 —	46 —
90 —	8 —	5 —

Donc, sur mille naissances, il y a, au bout de 50 ans, 371 décès chez
les riches et 592 chez les pauvres, et Genève est encore privilégiée sur
bien des villes et contrées industrielles.

En Belgique, dans les provinces pauvres, il y a annuellement 100 décès
sur 3,960 habitants, et dans les provinces relativement aisées, il y a
annuellement 100 décès sur 7,440 habitants. D'après le docteur Jansens,
dans son livre *Topographie médicale et statistique démographique de
Bruxelles*, il résulte que « toutes proportions gardées, la classe néces-
siteuse a payé à la mort un tribut *sept fois plus élevé* que le restant de
la population. »

Les causes de cette situation sont multiples. Nous enregistrons l'ané-
mie par épuisement musculaire et nerveux ; le vice de l'habitation, les
demeures humides, les caves boueuses, les greniers où l'air ne pénètre
jamais, et surtout le manque d'espace pour les familles nombreuses ;
mais la cause principale, pour ainsi dire directe, de la mortalité dans
la classe ouvrière est l'insuffisance d'alimentation.

L'alimentation insuffisante est cause de maladie ; et, parce que l'ouvrier ne peut pas se soigner convenablement, parce que souvent, mal-

et ceux-ci ne sauraient, naturellement, se mettre en grève
de domicile ; c'est déjà trop que la chose se produise indi
rectement et violemment par le fait des expulsions, qui
ont lieu quelquefois en masse et sont de réels actes de
barbarie, puisque l'Etat n'a même pas encore créé d'abris
temporaires pour les expulsés. N'est-ce pas, en vérité, un
affreux spectacle que de voir des malheureux jetés ainsi
dans la rue, sans ressources, sans refuge et sans gîte ? (1)
Et cependant il n'est pas rare d'avoir à contempler de
telles misères en ce Paris prétendue capitale du monde
civilisé ! Or, si le propriétaire est impitoyable, le locataire
sera haineux : la dernière chose est une conséquence na-
turelle de la première : de là, d'abord exaltation dans les
esprits, et ensuite les cataclysmes terribles.

Que l'on soit malade, vieux ou infirme ; que le malheur
vous accable, et que, faute de travail ou d'autres moyens
d'existence, vous ne puissiez momentanément payer votre
terme, vous serez expulsés des logements que vous ha-
bitez ; sans argent et sans nouveau domicile, au milieu
de vos enfants grelottant de fièvre ou de froid, ou criant
la faim, c'est en vain que vous essaierez de dormir la nuit
auprès de vos meubles brutalement déposés dans la journée sur le trottoir, à moins que vous ne vous décidiez, en
désespoir de cause, à demander asile au poste de police,
où vous rencontrerez quelque pitié. Nous pourrions citer
à perte de vue — nous en avons déjà raconté plusieurs —
des faits de ce genre, belles prouesses de propriétaires
sans cœur. Les journaux faisaient encore mention, dernièrement, d'une femme âgée de 30 ans environ, qui, déses-
pérée, éperdue, avait tenté de se noyer *parce que son propriétaire lui avait donné congé et menaçait de l'expulser.*

---

gré les symptômes, les premiers malaises il est forcé de continuer son
travail, la maladie est cause de la mortalité

(1) Preuve à la fois des plus récentes et des plus tristement éloquen-
tes, un cercueil contenant une morte — **22**, rue de Maubeuge. — pour
lequel il fallut que des pompiers requis *extrà* incendie inventassent un
« descenseur » de circonstance, l'escalier étant trop étroit.

Elle venait de perdre son mari et était à bout de ressources.
— Brave propriétaire, va !

« Un excellent travailleur, nommé Dutel, devait 75 fr. à son propriétaire. Celui-ci, possesseur d'une maison de magnifique rapport, sise 137, rue d'Allemagne, trouva que le retard du payement de la faible créance Dutel lui causait un *préjudice immense !* Il fit citer le locataire à la justice de paix. Dutel fut condamné par jugement exécutoire sur minute et avant enregistrement.

» Le 28 au soir, Dutel rentre au logis avec sa femme. On avait appliqué les scellés sur la porte, et le lit était sur le carré. Tout avait été saisi à la sûreté et garantie de M. Lelong-Petit. Tout, jusqu'*aux instruments de travail* et aux *papiers de famille !* ce qui est illégal au premier chef.

» Et cette barbarie inutile a été dirigée contre un locataire, qui, la veille, avait averti la concierge qu'il lui remettrait son terme le lendemain, c'est-à-dire le jour même où la saisie a été pratiquée.

» Terminons en disant que M. le bourgeois Lelong-Petit passe pour être membre du bureau de bienfaisance et de la société de Saint-Vincent-de-Paul

» O charité ! que de crimes on commet en se couvrant de ton manteau ! »

On signalait, au même moment, un propriétaire de Montmartre, ayant fait enlever portes et fenêtres parce que le locataire n'avait point déménagé au jour dit. Et le cas n'est pas isolé !

Le rédacteur déjà cité, qui signe *Jean Paria* dans la *Bataille*, raconte ce qui suit, à propos d'un propriétaire du passage Ménilmontant : Le dit propriétaire, « lorsqu'on ne
» le paye pas au doigt et à l'œil, crochette les serrures et
» expulse lui-même, comme le photographe resté célè-
» bre »...

« Certain propriétaire (célèbre par sa poudre à punaises), a l'habitude de faire signer un congé *en blanc* à ses locataires.

» Il n'est point seul à agir ainsi : presque tous usent de ce procédé.

» Nous conseillons aux locataires qui se trouveraient

dans pareille situation et auxquels on opposerait plus tard
un congé en forme, de poursuivre directement le propriétaire devant le tribunal correctionnel, sous la prévention
d'abus de blanc-seing.

«,Ce délit est puni de deux mois à deux ans de prison,
et une fois qu'un de ces potentats de la propriété aurait
été condamné, il est probable que ses confrères cesseraient
leurs agissements »....

Souvent encore, on ne parvient pas à se loger si la
quantité ou la valeur des meubles ne présente pas une garantie suffisante aux propriétaires, qui supputent d'ores et
déjà les avantages qu'ils pourraient tirer éventuellement
d'une période d'insolvabilité chez le nouveau locataire (1).
Avant l'admission de celui-ci, la police des meubles et de
tous les tenants et aboutissants se fait de concierge à
concierge, entre le domicile que le locataire va quitter et
celui qu'il *tâche d'obtenir*. Au besoin, *le* ou plutôt *la* concierge à venir *opère sa visite domiciliaire*; les préposés au
cordon sont passés maîtres en ce genre : les grandes raisons
d'Etat ne sont plus que *de la Saint-Jean*.

Et ces jolis systèmes ne faisant que *croître et embellir*
sous la République troisième du nom, qui, pour être anti-
religieuse, n'en est pas plus démocratique et sociale pour
cela, les gens malheureux n'auront bientôt plus, à défaut

---

(1) Notamment rue des Martyrs, au terme de juillet dernier, un propriétaire a — le bail signé, le dernier à Dieu versé --- refusé de laisser
prendre possession du local, sous prétexte que le mobilier n'avait pas
assez de valeur. Malgré l'offre faite de payer le terme d'avance, ce féroce propriétaire a persisté dans son refus et n'a pas même été ému
par la triste situation du locataire, qui, ayant ses meubles sur une voi-
ture à bras, fut obligé de passer la nuit *sous un pont*. (Jean Paria).
Autre exemple :
« Rue..., numéro...,» raconte Aurélien Scholl, « se trouve un vaste
immeuble dont les deux étages élevés sont divisés en trente deux cham-
brettes, destinées à loger les ouvrières des fabriques voisines.
« Chaque chambre se loue 150 francs par an, mais il est interdit d'y
placer un lit. La locataire doit avoir soit un divan, sur lequel elle a le
droit de mettre un matelas ; soit un canapé-lit, mais de lit point, pas
plus en bois qu'en fer.
« Et pourquoi ?
« Ah ! voilà. C'est que, le lit ne pouvant être saisi en cas de non-
payement du loyer, le mobilier, généralement composé de deux chaises
et d'une table, n'offrirait pas au propriétaire une garantie suffisante. »

d'un logement en garni — déjà un pis aller —, qu'à solliciter le dépôt ou la prison, ou bien recourir au suicide. La conscience des possesseurs d'immeubles s'est façonné une philosophie dans laquelle la charité ne trouve point de place. Leur cruauté, ces braves capitalistes l'expliquent par la nécessité d'apporter de l'ordre dans leurs affaires, dans leur avoir, et par les non-valeurs *qui les ruinent!* Oh! oui, n'est-ce pas? qu'ils sont à plaindre, ces pauvres propriétaires, à qui on fait encore grâce des impositions pour la propriété non bâtie et pour les logements inoccupés!... Et comme ils se privent aussi de louer leurs maisons neuves, si insalubres par le fait de la fraicheur des pièces et de l'humidité des plâtres!

Empruntons maintenant de M. d'Haussonville un passage triste et touchant de son admirable travail sur la misère à Paris ; déchirant tableau d'une indigence souvent imméritée :

« Lorsque, dans quelque *cabinet meublé* — suivant l'ex-
» pression générique —, large de deux ou trois mètres, vous
» trouvez une famille : mari, femme, quatre ou cinq en-
» fants entassés, et que vous voyez suspendues à la mu-
» raille une couronne de mariée, une photographie d'en-
» fant, épaves sauvées de naufrage, vous n'avez pas besoin
» de leur faire raconter leur histoire, car elle est toujours
» la même. C'est une famille d'expulsés qui est venue
» échouer au garni.

» L'époque du terme est toujours une crise dans la vie
» de la misère. A cette époque fatale, on rencontre dans
» les rues de Paris nombre de familles en quête d'un
» gite, qui transportent dans une petite charrette à bras
» leur chétif mobilier, le père tirant, les enfants pous-
» sant, la mère portant dans ses bras les objets qui n'ont
» pu tenir dans la charrette.

» Quatre fois l'an, les quartiers offrent le spectacle de
» ces exodes populaires, et je n'en connais pas de plus
» pitoyable (1). »......

____

(1) *La misère à Paris*, par Othenin d'Haussonville.

Pour en revenir à ce que nous disions plus haut, il est temps qu'on établisse un maximum pour le prix des locations, selon la valeur de la construction et l'importance des logements. Le besoin de réformes sociales en faveur des locataires se fait de plus en plus vivement sentir. C'est même — comme l'indique le titre de ce modeste ouvrage — le point principal de la *question sociale*.

Avec le prix des loyers actuel, on se nourrissait il y a vingt-cinq ans. Ils coûtent déjà un tiers de plus qu'ils ne coûtaient il y a dix ans. Un ménage avec un ou plusieurs enfants ne saura bientôt plus trouver de domicile ; et cette douloureuse situation va s'accentuant chaque jour.

Les lois civiles offrent des garanties aux propriétaires ; en présentent-elles aux locataires ? Il faut, n'importe comment, que la propriété cesse d'être abusive, surtout à Paris et dans les grands centres ; ce sera en même temps en faire moins détester les détenteurs. Tout au moins pourrait-on restreindre notablement les droits si rigoureux, les privilèges et prérogatives démesurément accordés jusqu'ici par la loi aux propriétaires d'immeubles, et les forcer à baisser sensiblement les prix des loyers, désespérants pour le travailleur. Ils se plaignent des charges fiscales qu'ils supportent ; ce n'est pas là une raison pour pratiquer l'usure comme rendement de leurs propriétés.

« Le droit de propriété », dit Proudhon, « si respectable dans cette cause, quand sa cause n'est autre que le travail, est devenu, à Paris et dans la plupart des villes, un instrument de spéculation abusive et immorale sur le logement des citoyens. On punit comme un délit, quelquefois comme un crime, l'agiotage sur le pain et les denrées de première nécessité ; est-ce donc un acte plus licite de spéculer sur l'habitation du peuple ? »

Dans la capitale de l'Angleterre, les loyers sont moins coûteux, parce que les propriétaires se contentent d'un revenu de 4 % au plus, tandis qu'à Paris 5 % est le minimum et la moyenne, 10 %. Et cependant les terrains sont à Londres d'un prix beaucoup plus élevé ; mais les Anglais ont des lois protectrices contre les abus de la propriété ; ils ne feraient pas mal toutefois — soit dit en passant — de les rendre un peu plus effectives dans la malheureuse Irlande.

Sans doute les arguties ne manqueront pas pour essayer la justification des abus de la propriété en France. On imputera, notamment, la capricieuse et formidable surélévation des loyers aux ouvriers du bâtiment : parce que ces derniers auront obtenu. grâce au droit de coalition, une augmentation de salaire — salaire ! encore une des formes de l'ancien servage - , on prétendra, par exemple, que les entrepreneurs font payer davantage la bâtisse aux propriétaires et que ceux-ci, en retour, louent plus cher les logements aux ouvriers et les boutiques aux commerçants ; et que les commerçants, de leur côté, se récupèrent en vendant aux ouvriers leurs marchandises à des prix plus élevés.

Alors, que l'on règlemente propriétaires, fournisseurs, vendeurs, fabricants et entrepreneurs ; ce sont les moins nombreux. La partie la plus considérable, c'est-à-dire la population ouvrière de la plume comme de l'enclume, etc., doit voir ses intérêts primer tous les autres. Un peu moins de fortunes promptes çà et là, fera beaucoup d'aisance partout.

Sans parler d'autres libertés également prohibées. n'a-t-on pas voulu faire accroire, en décrétant l'obligation de l'instruction, qu'il est des libertés qui ne doivent pas exister même en pays libre — *libre soi-disant* il est vrai, puisque, par une contradiction aussi bizarre qu'insensée, il n'a cessé d'être libre pour Dieu que pour le devenir contre ?! Ce qu'il faut, pour régénérer la patrie, c'est une dictature sociale et *égalitaire*, ou — pour parler d'une façon explicite — jugeant, frappant et récompensant, en haut comme en bas, selon la vérité, sans catégories ni classes ; sans *monsieur* pour les uns, *le sieur* pour ceux-ci, *le nommé* pour ceux-là. En dehors de l'intimité ou de la camaraderie, donnez du *monsieur* à tous, ou n'en donnez à personne. *Un homme est un homme, et le plus humble est souvent le plus digne.* Et soyons tous citoyens, sans affecter de nous appeler tels. Assimilons le dédain à un crime en fustigeant à outrance les dédaigneux. Que tous les hautains, ces êtres impudents et révoltants d'arrogance et de fierté, jouant *aux sortis de la cuisse de Jupiter*, succombent de morgue rentrée sous le poids de l'indignation prolétarienne leur rappelant d'une vigoureuse façon qu'ils ne sont pas nés autrement que la masse du peuple qu'ils éclaboussent et toisent si superbement !

Domesticité à part, n'est-il pas à fouetter avec sa propre cravache ou ses propres étrivières, le riche ou l'élevé — matador ou mirliflore — qui appelle quelqu'un parce qu'il est pauvre ou humble, simplement ou misérablement vêtu, soit *un tel* tout court, soit *mon bon*, ou *mon brave*, alors qu'il exige d'être traité par lui de *monsieur*? ou qui le tutoie sans raisons d'âge, tout en prétendant qu'il lui parle à la deuxième personne du pluriel, voire même à la troisième du singulier : *si monsieur veut, si monsieur daigne*, etc. — « *Oùsqu'est* mon fusil, » n'est-ce pas, Gavroche? ..

Mais appuyons surtout sur cette pensée, qu'une dictature sociale et égalitaire, conduite avec fermeté et sagesse, avec énergie sans cruauté, amènerait le bien-être de chacun par la cessation. la destruction de tous les abus, surtout ceux de la spéculation et de la propriété. C'est au peuple de savoir se choisir un ou plusieurs *délégués suprêmes* dans ces conditions. Qu'on ne m'objecte point que le terme *égalitaire* jure avec *dictature sociale* ; c'est avec *dictature* exclusivement *politique* qu'il symétriserait mal. Tout dépend, d'ailleurs, de l'application, et l'expérience prouve de plus en plus l'inanité du parlementarisme qui n'est qu'un piétinement sur place quant aux améliorations, un chassé-croisé quant aux ambitions ; c'est-à-dire que ce régime est le triomphe de l'égoïsme, en dépit de tous les changements d'étiquettes gouvernementales : c'est, en un mot, le contenant sans le contenu ; Champagne dessus, néant dedans, sauf pour quelques-uns.

Il faut, en somme, passer par l'égalité, et non par la liberté, pour arriver à la fraternité : la liberté viendra par surcroît ; tandis que si on commence par elle, c'est toujours celui qui n'a besoin de rien qui en profitera au détriment du besogneux.

« Sous les mauvais gouvernements », dit J.-J. Rousseau

*(Contrat social, note terminant le chapitre IX : du domaine
réel),* « l'égalité n'est qu'apparente et illusoire : elle ne
» sert qu'à maintenir le pauvre dans sa misère... Dans le
» fait, les lois sont toujours utiles à ceux qui possèdent et
» nuisent à ceux qui n'ont rien. »

Néanmoins, comme tout sur terre a un tempérament —
les gens comme les choses — , le peuple ne doit pas oublier
ces savantes et sages paroles de Montesquieu : « Le prin-
» cipe de la démocratie se corrompt, non seulement lors-
» qu'on perd l'esprit d'égalité, mais encore quand on
» prend *l'esprit d'égalité extrême* et que chacun veut être
» égal à ceux qu'il choisit pour lui commander. »

Il faut toujours une direction principale pour empêcher
qu'il y ait gâchis, confusion et, par suite, impuissance dans
la marche des choses. C'est au chef à ne pas mépriser ceux
qui l'ont élu, à la condition que ceux-ci, bien-entendu,
respectent le pouvoir dont ils l'ont investi, tant qu'il n'est
pas avéré qu'il s'en serve contre eux mêmes.

Mais donnons le dernier mot à Condorcet :

« L'inégalité actuelle, qui est presque entièrement l'ef-
» fet de l'imperfection des institutions sociales, doit s'af-
» faiblir continuellement, pour faire place à l'égalité de
» fait, dernier but de l'art social. »

Ainsi, voilà bientôt un siècle que Condorcet s'exprimait
de la sorte. Aujourd'hui qu'il y a-t-il de changé sous ce
rapport, en dehors des apparences ? A quoi bon que nous
soyons égaux en droit, puisque nous continuons à ne point
l'être de fait, même en matière de justice ? Billevesées que
tout cela, quand l'application dément le principe, quand le
verdict soufflette la loi sous prétexte de la mettre à exécu-
tion !

Dans le cas de prévention, le riche n'obtient-il pas pour
de l'argent une liberté provisoire, tandis que le pauvre,
lui, reste sous les verrous ? Et dans le cas d'arrestation,
que de discrétion, que de ménagements à l'égard du premier ; que de scandale, que de rudesse à l'égard du second !

Justice légale : quel affreux contre-sens ! quelle amère
plaisanterie !

Le riche ne gagne-t il pas presque toujours le procès
qu'il doit perdre, et le pauvre ne perd-il pas en général
le procès qu'il devrait gagner? Allez en conciliation : 99 fois
sur cent, le poursuivant aura raison contre le poursuivi.
C'est que le poursuivant est riche, et que le poursuivi est
pauvre. Le premier met de la malice à persécuter le dernier d'une façon immédiate, tout en sachant qu'il pourrait
s'entendre avec lui, en y mettant quelque patience.

Ironie aussi, atrocement fausse, que l'introduction, dans
nos lois, d'une prétendue justice gratuite! Ses auteurs
ont pu être de bonne foi ; mais alors ils ont compté sans la
société (1).

. . . .

Rentrons maintenant dans le sujet principal dont nous
venons de nous écarter quelque peu, et reprenons la question au point où elle en était lorsque notre digression s'est
produite :

Or donc, si le patron accroît les émoluments de l'employé ou de l'ouvrier, et que, par contre, le propriétaire
augmente le prix du loyer, le boucher, celui de la viande,
le boulanger, celui du pain, etc., cela tourne tout à fait à
la dérision ; avec des résultats aussi négatifs, toute augmentation de gain pour le travailleur se trouve annihilée.
C'est pourquoi il faut nécessairement, je le répète, taxer,
tarifer tous ces propriétaires, tous ces commerçants si fins

---

(1) « La République a eu beau graver le mot Egalité dans sa devise.
les hommes de travail, les manieurs d'outils, ceux qui cassent les os et
tordent les muscles du sol pour les asservir aux besoins maigres des
maigres, ou aux gros appétits des gras, les ouvriers, les porteurs de
cottes ou de bourgerons ; ceux aussi qui, sous la redingote râpée des
éduqués, n'ont pas percé et n'ont pas même trouvé a gagner leur pain
comme les travailleurs manuels, les pauvres pour tout dire, savent bien
que le code condamne à l'éternelle défaite, devant la justice, tous ceux
qui n'ont pas ramassé un peu d'argent sur le chemin de la vie avant
de monter l'escalier des hommes de loi affamés, a qui l'on va porter des
provisions !
L'égalité devant la loi et dans les faits sociaux n'est qu'un mot. C'est
bien là ce qui assombrit l'horizon ! Sous le fardeau de la misère et des
convictions, il y a des innocents qui saignent, et dont aucun verdict ne
lavera jamais les plaies : --- il leur est défendu d'obtenir jamais justice. »
(Jules Vallès).

spéculateurs et si tristes concitoyens En s'enrichissant un peu moins vite, et non moins sûrement pour cela, ils ne jetteront pas tant de ménages, tant de familles dans la misère et le désespoir. La vie normale ne consiste pas dans la privation, qui est, autant que l'abus, un vice économique. « Tout homme étant de la société «, dit Domat (*Lois civiles*), « a droit d'y vivre. »

En ce qui concerne la possession, d'aucuns s'écrieront :

« Mais la propriété, alors, ne sera plus libre ? » — Et la *non-propriété* (le prolétariat), doit-elle être esclave? doit-elle être perpétuellement en butte à tous les abus et à toutes les vexations, à toutes les peines et à toutes les charges, à tous les dédains et à toutes les rigueurs?

Comment ! il y a bien une loi protectrice des animaux, et il n'y en aurait pas une pour protéger les locataires — des hommes, des femmes, des enfants ! — contre les abus des propriétaires, contre leurs procédés ruineux, vexatoires et tyranniques ! Que cette loi ne soit pas, c'est là une lacune des plus déplorables; mais, qu'on ne l'édicte pas bientôt, ce ne serait rien moins qu'odieux et révoltant, étant données surtout les difficultés de plus en plus grandes de la vie matérielle. Les locataires, formant la masse des citoyens, doivent être, nous ne le répéterons jamais trop, plus intéressants que les propriétaires qui sont la partie la moins nombreuse et la moins laborieuse de la population. Nos députés feraient mieux de s'occuper de ces graves questions d'économie sociale, que de n'employer leur mandat qu'à pratiquer, aussi politiquement qu'inutilement, le lâche « *væ victis* » et le vulgaire « *ôte-toi de là que je m'y mette* ». Il faut, en un mot, supprimer l'économie politique, « organisation de la misère » et la remplacer exclusivement par l'économie sociale, *organisation de l'aisance*.

Comme l'exprimait parfaitement un monarque très diversement jugé, Napoléon III, lors de l'ouverture de la session législative, le 22 janvier 1866 : « N'a-t-on pas assez » discuté depuis quatre-vingts ans les théories gouverne- » mentales? N'est-il pas plus utile aujourd'hui de chercher » les moyens pratiques de rendre meilleur le sort moral » et matériel du peuple?... »

XIV.

UNE PETITE EXCURSION EN PROVINCE.

Dans les campagnes, où cependant la cherté des loyers est, en moyenne, plus de dix fois moindre, les abus de la propriété sont parfois plus criants encore. « Donnez-moi deux lignes de l'écriture d'un homme, et je trouverai le moyen de le faire pendre », a dit Richelieu. En province, il n'en faut pas tant : il suffit de signer un bail. Si le propriétaire est bon, ce bail sera un acte de pure forme ; si le propriétaire est méchant, ce sera la ruine par les procès ou la mort à petit feu du locataire.

Citons un ou deux faits parmi une infinité d'autres du même genre, et transportons nous pour cela, par exemple, dans un chef lieu de canton de l'Aisne, Neuilly-St-Front ; ensuite, dans une commune du même département, Origny-Sainte-Benoîte.

Dans la première localité, une honnête et pauvre veuve, nièce et cousine par alliance de ses propriétaires, était allée, à la suite de revers commerciaux, se réfugier auprès d'eux, moyennant un loyer à payer. Ils lui imposèrent un bail, qu'elle signa sans même, malgré lecture faite, en remarquer les stipulations, tant elle s'attendait peu à ce que ces parents dénaturés tirassent parti plus tard de la teneur de ce contrat pour lui faire subir toutes les avanies.

Ils la laissèrent, sans qu'elle y prît garde, manquer à certaines clauses ; profitant de sa bonne foi, ils l'y aidèrent, l'y poussèrent même ; puis, un beau jour, lui cherchèrent noise à ce propos, la menacèrent d'un procès, et pour mieux achever sa ruine, l'obligèrent non seulement à déménager, mais à leur laisser encore une certaine somme en plus du loyer. Et la loi civile, en dépit des lois d'humanité, protège de tels monstres, tandis qu'ils devraient pour le moins être voués à l'exécration publique, stigmatisés, mis au pilori de la civilisation.

Comme le déclare Rossi (*Revue de législation*), « le corps social et la loi civile ne paraissent plus faits exactement

l'un pour l'autre, et rien n'annonce que ce désaccord soit
chose accidentelle et passagère. »

Passons maintenant à l'autre fait, également récent, celui d'Origny Sainte-Benoîte, raconté en ces termes, d'a-
bord par le toujours vite et bien renseigné *Progrès de
l'Aisne* ; ensuite par d'autres journaux :

« Célina Bubeaux, âgée de 20 ans, femme Daty, était
» assise à sa fenêtre, causant, quand la dame R..., sa
» propriétaire, entre accompagnée de ,son petit fils P...,
» Emile, cultivateur, âgé de 19 ans ; de sa fille Amélie et
» de sa petite-fille Émilienne. La veuve R... venait de-
» mander à la femme Daty l'argent de la location de sa
» maison.

» M'en donnerez-vous bientôt ?

» Pas aujourd'hui, madame : je ne le puis ; veuillez at-
» tendre à dimanche prochain : je vous en donnerai.

» Sur cette réponse, les quatre visiteurs, sans doute
» entendus d'avance, se mirent à décrocher les portes pour
» les emporter.

» La pauvre locataire, voulant s'opposer à cet enlève-
» ment, fut alors terrassée par P... qui lui mit les deux
» genoux sur le ventre et les mains sur la bouche pour
» l'empêcher de crier. Ne pouvant parvenir à étouffer en-
» tièrement les cris de la victime, P... s'empara d'un
» caraco que l'aînée (4 ans) des enfants de sa locataire
» avait entre les mains, et essaya de bâillonner la mère.
» Déjà cette pauvre femme ne respirait plus qu'à peine.

» Durant cette scène où P... bâillonnait d'une main
» Mme Daty et la frappait de l'autre, la grand-mère R...,
» et sa fille la frappait aussi, et criaient : « N'aie pas peur ;
» frappe toujours ». Pour en finir, elles tirèrent et arra-
» chèrent les cheveux de la malheureuse, dont les cris enfin
» entendus attirèrent quelques voisins à son secours. La
» scène prit fin alors, et les R... partirent en emportant
» les portes.

» Sur ces entrefaites, rentrait Daty, le mari ; il fit venir
» un médecin, qui constata des désordres internes de la
» nature la plus grave. »

Ainsi, voilà une locataire aux trois quarts étouffée et

assommée par ses propriétaires ; s'il y a eu jugement, je
ne serais pas étonné qu'on ait trouvé pour ces derniers des
circonstances atténuantes...

XV.

PROPOSITIONS.

Inutile de nous étendre davantage sur les nobles exploits
de *messieurs* les possesseurs d'immeubles ; toutefois, nous
admettons parfaitement qu'il existe des exceptions ; elles
sont, à Paris surtout, comme nous l'avons exposé plus
haut, malheureusement rares.

Pour combattre ce qui est la règle actuelle, c'est-à-
dire la persécution, l'écrasement du locataire ou prolétaire,
je propose qu'un journal spécial, ou plutôt spécialement
désigné, prenne l'initiative de signaler dans ses colonnes
les bons et les mauvais propriétaires de Paris et de la
France entière. Les amis du bien, ennemis naturels des
méchants, l'aideront dans cette tâche humanitaire et patriotique.

Chaque année, par exemple, aussitôt après le terme
d'octobre, il serait édité *par* ou *d'après* le journal susdit,
au moyen de souscriptions, une sorte de recueil où figu-
reraient, d'une part, les propriétaires dignes d'éloges ;
de l'autre, les propriétaires répréhensibles : les premiers,
sur tranche *gaie*, les seconds sur tranche noire.
Ce serait d'un grand exemple. Ceux dont on ne saurait
ni bien ni mal seraient — cela va sans dire — passés sous
silence.

Mais, quant au mal, il ne suffit pas de le dénoncer : il
faut s'attacher à le guérir, à l'extirper ; c'est pourquoi je
propose également qu'il soit établi une vaste association
— *Société des Locataires*, subdivisée, par quartiers, en comi-
tés d'entente et de résolution — ayant mission, en la personne de chacun de ses membres pris individuellement, de
déférer aux tribunaux les abus de la propriété. Il faut, en
un mot, une résistance organisée de la part des locataires,
s'ils veulent voir leur situation devenir meilleure. Il y a

bien une loi Grammont pour punir ceux qui maltraitent les animaux : pour quiconque a souci de la dignité humaine, un locataire, que je sache, en dépit de la classification générique de Buffon, est supérieur à un animal !

S'il y avait plus de cohésion, plus de solidarité ici-bas, et s'il ne fallait pas trop compter avec la couardise ou la trahison basse et stupide — genre de suicide, aussi bête que monstrueux — de beaucoup de ceux qui sont intéressés dans la question, je connais un système excellent : ce serait que partout où les propriétaires augmentent le prix de la location, les locataires se concertassent tous pour refuser le paiement des loyers ; grâce à la *Société des Locataires*, chaque maison qui se trouverait dans ce cas, serait mise à l'index, si le propriétaire s'avisait de donner congé pour louer à d'autres ; et les trop cupides possesseurs d'immeubles finiraient bien ainsi par capituler en comprenant que — selon le vieux dicton — « en voulant trop avoir, on risque de tout perdre ».

On pourrait encore créer des commissions composées d'autant de propriétaires que de locataires, et chargées de concilier les parties. Elles seraient renouvelables quant aux personnes, mais permanentes quant à la durée.

Toute liberté, enfin, qui est susceptible, étant entière, de produire plus de mal que de bien, devrait être règlementée plutôt en faveur du faible que du fort, c'est à-dire être répartie de façon à profiter plus aux pauvres qu'aux riches.

Par malheur, c'est presque toujours le contraire qui a lieu. Le gouvernement ne s'intéresse pas assez à la question sociale, et les assemblées comme les individus, les élus comme les électeurs, les mandataires comme les mandants sacrifient trop cette question à la politique. Mais, on a beau tournoyer constamment autour d'elle sans jamais la résoudre, tôt ou tard, il faudra bien aboutir ; « *la marée monte, monte* » comme disait Thiers en 1848, sans s'en réjouir, du reste, dans son génie égoïste et mesquin. En attendant, il y a toujours lieu de dire avec une personne célèbre qui n'a eu que le tort de sortir de son rôle féminin : « *O liberté, que de crimes on commet en ton nom !* »

Sans doute aujourd'hui le sang ne coule pas ; mais les plus sanguinaires ne sont pas les plus cruels : il est des façons de tuer moralement qui sont pires que toutes les morts.

La France a grandement besoin d'un nouveau *Messie*, ou de plusieurs *Messie* en même temps (pourvu qu'ils soient d'accord eux-mêmes), qui sachent tout concilier et mettre fin à tous les abus et à tous les outrages. Il faut, j'insiste à nouveau sur ce point, une dictature sociale et *égalitaire*. La liberté politique est une immense farce; elle est le pire ennemi du prolétariat, car elle ne profite en général qu'aux gens repus ou aux exploiteurs de l'humanité et de la crédulité publique. Cependant, si les électeurs, qui sont des locataires pour la plupart, envoyaient à la Chambre un peu moins de propriétaires, ils auraient plus de chances de voir leur sort amélioré par des réformes sociales réelles, effectives: mais ce sont toujours. ou à peu près, des aristocrates roses ou rouges qui remplacent les aristocrates bleus ou blancs : *Aristo*, pour être élu, se fait passer pour *Démoc*, et le tour est joué. « Bonnes gens » a dit Proudhon. « vous vous laissez empaumer, depuis trois quarts de siècle, avec ces libertés de comédie. »

Gouvernants et législateurs feraient mieux de moins politiquer et de confectionner de bonnes lois pour la liberté illimitée du bien, avec des restrictions draconiennes contre la liberté du mal. L'égalité est la véritable liberté pour le prolétaire, car la liberté entendue politiquement n'est pour lui presque toujours qu'un leurre.

« L'inégalité des conditions et des fortunes », a dit encore Proudhon, « considérée primitivement comme une » loi et une nécessité sociale, doit être désormais com- » battue et incessamment atténuée.» Ainsi que le proclamaient les premiers Pères de l'Eglise, dans un démocratique accord, esprit vraiment chrétien que les sincères amis de la religion seraient heureux de retrouver dans le clergé actuel : *C'est l'inégalité qui aiguise le fer, qui arme les hommes les uns contre les autres.*

Quant aux abus de la propriété, ils seront constamment triomphants. tant que la location ne sera que peu représentée à la Chambre comme au Sénat

On devrait donc s'attacher dans tous les partis, à élire des gens sans fortune et connus pour leurs sentiments énergiques, droits et généreux. Admettons qu'ils ne s'oublient pas eux-mêmes : ils feront servir leur intérêt à celui de tous. S'ils manquent sur certains points à leurs programmes, ils en tiendront toujours bien quelque chose : leurs mandants sauront, au besoin, les y obliger, sans devoir cependant exiger d'une façon immédiate ce qui ne serait que graduellement possible.

Electeurs-prolétaires, maîtres, par le nombre, de votre destinée sociale, ne votez jamais, ou que tout à-fait exceptionnellement, pour des gens riches : ceux qui nagent dans l'abondance sont la plupart du temps des égoïstes, des dédaigneux qui ne s'occupent de personne ; ils vous connaissent pendant la période électorale : jamais avant, jamais ensuite si ce n'est pour vous mépriser, vous fermer même la petite porte, après vous avoir flattés, caressés, ouvert leurs portes à deux battants pour capter vos suffrages. Il y a des *blagueurs* dans tous les camps ; au peuple, de le comprendre enfin.

Citons, entr'autres, tel ex-avant-dernier candidat d'un arrondissement de Paris, auquel — service *des plus Louis XV* — ses domestiques ne présentent pas autrement que sur un plateau d'argent les lettres qui lui sont adressées. Malheureux, il est vrai, à chaque élection, — sauf pour le conseil municipal (ô bienheureux quartier !) —, il répond, mais *après coup*, à ceux qui l'ont plus ou moins soutenu et qui viennent lui demander son concours ou sa recommandation pour ceci ou pour cela : « *Ma maison n'est pas un bureau de placement.* » Traduisez : « *vous vous êtes compromis, sacrifiés même peut être, pour moi ; je ne vous rends pas moins responsables de mon insuccès, mes petites gens.* Et cet homme — aristocrate jusqu'au bout des ongles — s'intitule *démocrate* dans ses professions de foi verbales ou écrites ; il offre même, au besoin, *sa vie et sa fortune* — — en perspective seulement, entendons-nous bien — à ceux qui travaillent à le faire élire.

Son concurrent, lui, ne met pas tant de façons pour réussir : plein de bonhomie, accessible à tous sans distinctions, il se contente d'être humain socialement, sans rien promettre ; et il doit plus son élection à cela qu'à la politique. Propriétaire, il n'a jamais fait de misères à ses locataires ; médecin, il n'a jamais envoyé l'huissier à ses malades subséquemment en mal de paiement ; député, il a fait augmenter les appointements et améliorer le sort d'humbles et pauvres employés d'une grande administration de l'Etat.

Mais — politique et religion absolument écartées — tous les arrondissements et toutes les circonscriptions ne se montrent pas aussi sages : les discours sont pris le plus souvent pour des réalités et les paroles, pour des actes.

XVI.

Conclusion.

—

AUX PROPRIÉTAIRES.

Quant à vous, propriétaires pris ici à partie d'une manière générale, ne craignez-vous point qu'à un moment donné, plus proche peut-être qu'on ne le pense, il ne vous soit demandé un compte terrible de votre dureté et de votre rapacité dans la conduite de vos affaires ? Sachez donc être humains par prudence, si votre âme fermée à toute pitié vous empêche de l'être de cœur : votre intérêt, votre conservation en dépendent. Autrement, vous risquez de perdre, en un jour de colère populaire, existence et richesses Ne vous apercevez-vous point que ce grave et pressant problème : *La Question Sociale*, qui, en toute logique comme en toute équité, doit avoir le pas sur tout le reste, menace de faire éclater un nouveau *89* plus formidable que le premier et qui serait suivi, à bref délai, d'un *93 social*. Il y a déjà assez d'inégalités naturelles, *messieurs* les propriétaires, sans qu'il y ait encore des inégalités aussi choquantes que celles qui sont engendrées par votre égoïsme. Après un 89 qui n'a réellement été favorable qu'à la bourgeoisie, il est temps d'en avoir un dans l'intérêt *du plus grand nombre,* c'est-à-dire de la masse travailleuse — employés et ouvriers — ; et on pourrait bien ne pas en attendre l'anniversaire, si vous persistez dans vos abusifs et barbares errements.

Une plume plus autorisée que la mienne a exprimé ceci : Que « quiconque produit par lui-même plus qu'il » ne consomme, est infiniment plus utile à la société » qu'un riche oisif qui vit du revenu de ses capitaux par » le travail d'autrui, le capital-argent étant de la simple » matière qui resterait de nulle valeur sans le travail » humain. »

Réfléchissez donc, propriétaires endurcis, dont l'insolente arrogance et le criminel dédain rebutent tant le travailleur ; sachez que les biens sont de plus d'une façon périssables, et que le prolétaire finira par se lasser d'être constamment réduit à supporter tant de vexations et tant de misères. Car, le plus souvent, qu'avez-vous fait pour être riches ? Molière l'a dit : « *Vous vous êtes donné la peine de naître.* » Et c'est tout. Ou plutôt votre mère a eu physiquement la peine de vous mettre au monde ; encore, à l'aide de vos écus, s'en serait-elle épargné la douleur, si ce lui eût été possible ; autrement dit, si dame Nature n'empêchait, en pareil cas, de passer la souffrance à d'autres. Et cet enfantement est la peine de toutes les mères, avec cette différence que les mères riches sont, en cette intéressante et délicate situation, mieux soignées que les mères pauvres ; ce qui ne vous empêche point d'avoir l'audace de déclarer que la fortune ne fait pas le bonheur, alors qu'elle est un bonheur même dans le malheur, par les adoucissements, les compensations, les soulagements qu'elle apporte, et dont le pauvre, lui, ne connaît guère l'existence que pour vous les servir.

Le *cliché* d'être « *arrivés à Paris avec douze sous dans votre poche* » est passablement démodé, l'origine et les causes de votre opulence étant loin d'être toujours avouables, surtout à une époque où l'on ne fait plus fortune par son seul travail, qui, en général, ne procure même pas l'aisance.

Enfin, propriétaires, attendrez-vous d'avoir a crier *Grâce !* alors qu'il serait si facile à vous qui, par le nombre, n'êtes relativement que quelques milliers de possesseurs, de vous faire bénir par des millions de prolétaires en n'augmentant pas leur détresse et leurs douleurs par des exigences, des abus et des affronts dépassant toutes les bornes humainement permises.

FIN.

TABLE DES MATIÈRES.

Suissons. — Imp. A. Michaux.

BIBLIOTHÈQUE NATIONALE

CHÂTEAU
de
SABLÉ

1991